BLV Garten- und Blumenpraxis

BLV Garten- und Blumenpraxis

Peter F. C. Wolff

Der gesunde Gartenboden

Bodenleben, Düngung, Bodenpflege

BLV Verlagsgesellschaft
München Wien Zürich

CIP-Kurztitelaufnahme der Deutschen Bibliothek

Wolff, Peter F. C.:
Der gesunde Gartenboden: Bodenleben, Düngung,
Bodenpflege / Peter F. C. Wolff. – München; Wien;
Zürich: BLV Verlagsgesellschaft, 1982.
   (BLV Garten- und Blumenpraxis; 314)
   ISBN 3-405-12710-6

NE: GT

Bildnachweis

Fotos von Burchardt, außer:
Altemüller 42, 91; Brauke von 78 o; Eisenbeiss 21, 22, 23;
Eisenreich 103, 104; Gardena 77 ul, 78 u; Graff 41 o, 46, 47;
Hyperphosphat 53; Kali und Salz 55 o, 59; Kalkdienst 31;
Karl 25; Neudorff 68 u; Seidl 28; Sperling 19, 20, 111, 116, 118;
Stangl 44, 55, 58, 60, 65, 75 o, 82, 84, 85, 86, 105, 109 o;
Stehling 72, 110, 112; Steinmax 100 u; Südchemie 38;
Wolff 80, 95, 101, 102, 108, 124

Titelbild: Martin Stangl
Zeichnungen: Hermut Geipel

BLV Garten- und Blumenpraxis 314

© 1982 BLV Verlagsgesellschaft mbH, München

Gesamtherstellung: R. Oldenbourg, München

Printed in Germany · ISBN 3-405-12710-6

Inhalt

Inhalt

Vorwort

In diesem Buch soll dem Gartenbesitzer ganz konkret und handfest gesagt werden, wie er seinen Gartenboden noch besser pflegen und seine Pflanzen am besten ernähren kann.

Muß deshalb ein neues Buch geschrieben werden? Muß der Boden überhaupt gepflegt werden? Wächst nicht alles mit entsprechendem Dünger von allein?

Lieber Leser, die Böden dieser Erde sind in einem erschreckenden Maße gefährdet. Die großen Überschwemmungskatastrophen auf dem indischen Subkontinent und die verheerenden Folgen des großen Regens in China sind die direkten Folgen des unsachgemäßen Umgangs mit dem Boden. In Afrika schreitet die Sahara Jahr für Jahr weiter nach Süden vor und vernichtet fruchtbares Ackerland. In den meisten Entwicklungsländern werden die Böden zu sehr in Anspruch genommen, so daß mit erheblichen Ertragseinbußen für die nächsten Jahre gerechnet werden muß. Die Welternährungsorganisation (FAO) in Rom hat für die nächsten Jahre ein Schwerpunktprogramm vorgesehen, das sich mit der Sicherung des Bodens befaßt. Dabei werden einige der in diesem Buch besprochenen Techniken und Maßnahmen der Bodenpflege angewandt.

Ein gesunder Boden ist die Voraussetzung für gesunde Pflanzen, gesunde Pflanzen wiederum sind die Voraussetzung für gesunde Menschen und für eine gesunde Ernährung. Aber nicht nur die Nutzpflanzen brauchen einen gesunden Boden, sondern auch die unser Auge erfreuenden und damit der Seele guttuenden Wirkungen der blühenden Pflanzen und der Sträucher und Bäume in den Parkanlagen unserer Städte sind auf einen gesunden Boden angewiesen. Dieses Buch soll daher mithelfen, unsere Umwelt schöner werden zu lassen.

Die Geschichte des Düngens

Düngung und Bodenpflege begleiten den Menschen auf seiner Entwicklung von der Steinzeit bis in das heutige Atomzeitalter.

Während der Steinzeitmensch im primitiven Hackbau zunächst noch die von Natur aus vorhandene Fruchtbarkeit der Böden benutzte, erkannte man schon sehr früh, daß das Wachstum von Pflanzen durch die Zugabe von bestimmten Stoffen zum Boden verbessert werden konnte. Solche primitiven Formen der Düngung zur Verbesserung der Bodenfruchtbarkeit waren bereits bei den alten und hochentwickelten Kulturen der Menschheit am Nil, in China und in Südamerika weit verbreitet.

Gerade aus den Kulturen des Altertums in Asien und auch aus Nordafrika, die schon vor unserer Zeitrechnung bestanden, sind auf dem Gebiet des Anbaus von Pflanzen interessante Berichte überliefert. In allen vorliegenden schriftlichen Dokumenten, einschließlich bestimmter Stellen der Bibel bis hin zur Literatur des Mittelalters, sind Erfahrungen des Menschen im Umgang mit Pflanzen und Boden überliefert.

Bei den **Griechen** war es der bekannte Dichter Homer, der den Wert des Stallmistes als Dünger lobte, und auch Aristoteles (384–320 v. Chr.) gehört in die Reihe der Fachschriftsteller für Landwirtschaft aus dem Altertum. Er hat damals gesagt: »Die Erde ist für die Pflanzen genau dasselbe, was das Eingeweide für die Tiere ist«. Damit verband er die Vorstellung, daß Pflanzen in der Lage sind, ihre Nahrung unmittelbar und direkt aus dem Boden, auf dem sie wachsen, aufzunehmen.

Bei den **Römern** gab es eine ganze Reihe von berühmten Leuten, die sich ausführlich über die Düngung, Bodenpflege und sonstige Maßnahmen zur Steigerung der Ernten äußerten. Bereits damals machte man sich Gedanken über die Gründüngung, und auch der Wert von sogenannten stickstoffsammelnden Pflanzen war bereits bekannt. In diese Reihe der Autoren, die sich über Landwirtschaft äußerten, gehört z. B. auch Cato, der einmal gesagt hat, daß »Gutes Pflügen, gutes Pflegen und gutes Düngen« die Voraussetzung für einen erfolgreichen Anbau von Pflanzen seien.

Im **Altertum** galten bestimmte Dünger sogar als so wertvoll, daß man den Diebstahl solcher Düngemittel schwer bestrafte, und im alten Rom wurde sogar einem Bewohner mit Namen Stercutius für die angebliche Erfingung des Düngens von den Göttern die Unsterblichkeit verliehen.

An der Bedeutung der Düngung

Unbepflanzte und unbedeckte Baumscheibe. Der Boden ist schutzlos den Elementen preisgegeben.

Einführung

und der Bodenpflege hat sich bis heute nichts geändert.

Der älteste Dünger, der überhaupt bekannt ist, ist natürlich der Mist, der von den verschiedenen Haustieren erzeugt wurde. Auch Kompost war sowohl in Griechenland als auch bei den Römern bereits bekannt, und die Fruchtbarkeit der Böden von China ist nicht zuletzt auf diese jahrtausendealte intensive Kompostwirtschaft zurückzuführen. Auch der heute noch angebotene Mergel wurde bereits vor mehr als 2000 Jahren von den Menschen angewendet, ohne daß man genau wußte, worauf seine positive Wirkung beruht.

Außerdem verwendete man pflanzliche und tierische Abfälle wie z. B. Stroh, Blut und Tierkadaver. Fäkalien vom Menschen, abgelagerter Vogelmist, Schlamm aus Flüssen und Teichen, Streu- und Bodenmaterial aus den Wäldern, Asche von Holz, Stroh und Knochen, Fischabfälle, grüne Pflanzen, Kalk, Gips und der bereits erwähnte Mergel waren die wichtigsten Dünger.

Das Prinzip der Düngung mit Naturstoffen beruht im wesentlichen auf der Nutzung und Erschließung des sogenannten Nährstoffhaushaltes. Darunter versteht man ganz einfach die Tatsache, daß Pflanzen aus dem Boden Nährstoffe aufnehmen und daß nach dem Absterben ein Teil der in dem abgestorbenen Pflanzenmaterial enthaltenen Nährstoffe wieder auf den Boden zurückge-

bracht wird. Die theoretische Grundlage der Düngerlehre der alten Zeit war lange die sogenannte **Humustheorie von Aristoteles.** Sie besagt: »Die Pflanze ernährt sich von Humusstoffen, die sie mit den Wurzeln aus dem Boden aufnimmt. Nach dem Absterben wird sie wieder zu Humus, und Humusstoffe sind daher Dünger.«

Auf der Grundlage dieser Theorie haben Gartenbau, Landwirtschaft und Privatleute auf der ganzen Welt bis etwa zu Beginn des 19. Jahrhunderts gewirtschaftet.

Ein berühmter Nachfolger des Aristoteles und der letzte bedeutsame Vertreter der Humustheorie war Albrecht von Thaer. Er formulierte im Jahre 1809 folgende Aussage: »Die Fruchtbarkeit des Bodens hängt eigentlich ganz vom Humus ab, denn außer Wasser ist er es allein, der den Pflanzen die Nahrung gibt. So wie der Humus eine Erzeugung des Lebens ist, so ist er auch eine Bedingung des Lebens. Ohne ihn (den Humus) läßt sich kein individuelles Leben denken.«

Trotz aller Bemühungen um Verbesserung der Ernten kam es jedoch in zurückliegenden Jahrhunderten oft zu Mißernten und großen Hungersnöten.

Wer immer Pflanzen anbaute, um sich von ihnen zu ernähren oder sie an seine Tiere zu verfüttern, war ständig auf der Suche nach zusätzlicher Erde, sei es aus dem Wald, der Heide oder aus Mergelgruben. Alle diese primitiven Maßnahmen konnten jedoch nicht verhindern, daß die Bodenfruchtbarkeit sehr gering blieb und daß Teile der wachsenden Bevölkerung, vor allen Dingen in Mitteleuropa, zum großen Teil Hungersnöten zum Opfer fielen oder zwangsläufig auswanderten, um sich neuen Ackerboden zu suchen.

Die entscheidende Wende kam ungefähr um das Jahr 1800.

Von diesem Zeitpunkt an begann die sich entwickelnde Naturwissenschaft der Frage der Pflanzenernährung größere Aufmerksamkeit zu schenken. Man untersuchte den Stoffwechsel der Pflanze und versuchte, die Pflanzenernährung zu beeinflussen. Angeregt wurden diese Untersuchungen unter anderem durch einen Bericht des bekannten Naturforschers Alexander von Humboldt, der im Jahre 1804 nach seiner Südamerikareise von den großen Erfolgen berichtete, die die Südamerikaner mit der Verwendung des Vogelmistes (Guano) bei der Düngung ihrer Felder erzielten. Aber erst **Justus von Liebig** gelang es im Jahre 1840, nachzuweisen, daß die Pflanze über ihre Wurzeln zusammen mit Wasser die in diesem Wasser gelösten Nährstoffe aufnimmt. Damit war der Weg frei für das neue Konzept wasserlöslicher Dünger, die wir allgemein heute als Mineraldünger oder als Kunstdünger kennen.

Die Düngung heute

Wenn wir noch einmal kurz zusammenfassen, so können wir sagen, daß von der Steinzeit bis ungefähr zum Jahre 1840 die Humustheorie vorherrschte und daß man ab 1840 bis zur heutigen Zeit von der Mineralstofftheorie spricht, die die Humustheorie ergänzte, zum Teil jedoch auch eine Abkehr von ihr bedeutete.

Aufgrund der sich immer weiter entwickelnden Untersuchungsmethoden und der Fähigkeit, Wechselwirkungen im Haushalt der Natur zu erkennen, kommt es heute zu einer Rückbesinnung auf die natürlichen Stoffe, mit deren Hilfe es möglich ist, die Bodenfruchtbarkeit zu verbessern. Die Zusammenhänge zwischen zu starker Verwendung von Stickstoff und einem dadurch ausgelösten Schädlingsbefall sind in zahlreichen wissenschaftlichen Untersuchungen eindeutig nachgewiesen worden.

Auch in der Bewirtschaftung der Hausgärten hat sich eine Wandlung vollzogen. Aufgeschreckt durch die Umweltprobleme, versucht der Hobby-Gärtner seine Pflanzen wieder mehr auf natürliche Weise zu ernähren, durch Verwendung von Naturdüngern und Kompost. Dies gilt vor allem beim Anbau von Obst und Gemüse. Wir wollen Ihnen daher mit diesem Buch helfen, Ihren Gartenboden auf natürliche Weise zu pflegen und zu düngen.

Bodenbeschaffenheit

Was ist Boden?

Aus unbelebtem Gestein hat sich aufgrund ständiger Einwirkungen von Wärme und Kälte, dem Wasser, dem Licht und der Luft unser Boden gebildet. Die verschiedenen Kräfte haben das Ausgangsgestein so weit verändert, daß der daraus entstandene Boden tierischen Organismen und Pflanzen als Lebensgrundlage dienen kann.

Boden besteht nicht nur aus totem Material. Er enthält auch sehr viel lebende Organismen. In einer Handvoll Gartenerde finden wir mehr als 4 Milliarden Lebewesen. Dadurch unterscheidet sich der Boden vom Gestein. Diese Bodenlebewesen ermöglichen nun viele Vorgänge im Boden, wie z. B. die Humusbildung und die Freisetzung von Stickstoff. Sie sind ein wesentlicher Teil des Bodens. Ihre Tätigkeit ist für die Erhaltung der Fruchtbarkeit des Bodens sehr wichtig.

Wer sich besonders für das interessiert, was man mit dem Boden alles machen kann, wie man die verschiedenen Kenntnisse über den Boden »anwenden« kann, der betreibt **angewandte Bodenkunde.** Diese angewandte Bodenkunde befaßt sich speziell mit der Nutzung des Bodens. Da wird z. B. überlegt, wie man die Fruchtbarkeit der »Naturböden« für unsere »Kulturpflanzen« nutzbar machen kann, wie man die Fruchtbarkeit des Naturbodens erschließt, steigert oder erhält. Dabei verstehen wir unter »Naturboden« einen Boden, der bisher noch nie von Menschen bearbeitet wurde. Als »Kulturpflanzen« bezeichen wir Pflanzen, die vom Menschen aus den »Wildpflanzen« gezüchtet wurden. So gehen z. B. alle unsere Getreidearten, die heute Kulturpflanzen sind, auf einfache Gräser, die Wildpflanzen, zurück.

Es ist aber falsch, wenn wir nur von »dem Boden« sprechen. Während man z. B. eine Pflanzenart oder eine Tierart ganz genau beschreiben kann, so ist es mit den Böden nicht so einfach. Böden sind nämlich Individualisten. Sie bestehen aus einer Vielzahl von verschiedenen Bestandteilen, die so unterschiedlich sind, daß es nur sehr schwer möglich ist, Böden generell zu beschreiben. Wir sprechen daher in diesem Buch immer von drei großen Bodengruppen, und zwar von **leichtem Boden** (siehe auch Seite 37), worunter wir Sand oder humosen Sand verstehen, dem **mittleren Boden** (siehe auch Seite 39), worunter wir lehmigen Sand oder sandigen Lehm verstehen und von **schwerem Boden** (siehe auch Seite 40), der aus Lehm oder Ton besteht. Die Einteilung der Bodenarten in diese drei großen Gruppen hat sich in der Praxis bewährt.

In diesen verschiedenen Böden kommt es nun zu einer Vermischung von mineralischen Bestandteilen, von Pflanzenwurzeln, abgestorbenen Pflanzenteilen, Tierlei-

Bodenbeschaffenheit

chen und Düngemitteln, die der Mensch zugibt. Schadstoffe und sonstige Bestandteile, die mit dem Regen herunterkommen und in den Boden dringen, werden ebenfalls vom Boden aufgenommen.

Wir merken uns: Jeder Boden ist ein Individualist! Es ist daher dringend erforderlich, daß jeder Gartenbesitzer den Boden seines eigenen Gartens ganz genau kennt, damit er weiß, was er seinem Gartenboden zumuten und was er erreichen kann.

Was heißt Düngung?

Das zweite Thema, das in diesem Buch besprochen wird, ist, außer der Pflege des Bodens, die Frage der Düngung (siehe auch Seite 52). Hier gibt es verschiedene Auffassungen, die stark voneinander abweichen. Einmal kann man Düngung auffassen als eine sehr gezielte Pflanzenernährung, das heißt, ich gebe bestimmte Nährstoffe in den Boden, und dort werden sie dann von der Pflanze mit Hilfe ihrer Wurzeln direkt aufgenommen. Das wäre die **direkte Düngung.**

Eine andere Auffassung ist die, daß man Düngung als eine Maßnahme bezeichnet, den Boden zu beleben.

Das bedeutet, daß die auf den Boden oder in den Boden eingebrachten Nährstoffe aus dem Boden erst auf dem Umweg über die Kleinlebewesen des Bodens für die Pflanze aufnehmbar sind. Das wäre eine **indirekte Düngung.**

Düngung heißt: den Boden beleben.

Was heißt Pflege?

Unter Pflege des Bodens wollen wir hier die Kombination all der Maßnahmen verstehen, mit deren Hilfe es möglich ist, einen Boden in seinem bestmöglichen Zustand zu erhalten bzw. ihn dahin zu bringen. Das heißt also, daß wir alle negativen Einflüsse von diesem Boden möglichst fernhalten müssen, z. B. zu starke Sonneneinstrahlung, zu starke Auswaschung durch Regen, zu starke Bearbeitung mit mechanischen Geräten, eine intensive Benetzung mit Chemikalien aller Art, Überdüngung. Wir werden auf die vielen verschiedenen Möglichkeiten, die Sie als Privatgärtner haben, Ihren Boden zu pflegen, im Laufe des Buches ausführlich eingehen (siehe auch Seite 71).

Pflanzenernährung

Nährstoffaufnahme über die Wurzeln

Eine Pflanze wächst normalerweise auf einem bestimmten Boden. Auf einen solchen Boden werden bestimmte Stoffe gegeben, die dieser Pflanze als Nährstoff dienen. Die Pflanze, der Boden und auch die in den einzelnen Stoffen enthaltenen Nährstoffe bestehen nun aus verschiedenen chemischen Substanzen (Stoffen).

Um die Zusammenhänge zu verstehen, ist es leider unumgänglich, einige wenige bodenkundliche Grundbegriffe und chemische Begriffe zu erläutern.

Damit eine Pflanze überhaupt wachsen kann, benötigt sie eine ganze Reihe von Nährstoffen. Solche Nährstoffe sind also die von der Pflanze aufnehmbaren und ihrer Ernährung dienenden Substanzen. Diese Stoffe werden in zwei Formen den Pflanzen angeboten, und zwar einmal als **Moleküle,** wie z. B. im Kohlendioxyd = CO_2 oder dem Wasser = H_2O. Außerdem können diese Stoffe in **elektrisch geladenen Teilchen,** den sogenannten Ionen, enthalten sein. Das Wort Ion kommt aus dem Griechischen und heißt »das Wandernde«. Man unterteilt diese Ionen in negativ geladene elektrische Teilchen, die wir Anionen nennen oder positiv geladene elektrische Teilchen, die wir Kationen nennen. Das ist der Grundsatz der Pflanzenernährung.

Grundsätzlich gilt, daß **alle** Nährstoffe, die wir einer Pflanze zuführen wollen, erst in die sogenannte Ionenform überführt werden müssen, bevor sie mit Hilfe des Bodenwassers durch die Pflanzenwurzeln aufgenommen werden können.

Das erklärt auch die Tatsache, daß es möglich ist, Pflanzen in einer reinen wäßrigen Nährlösung zu halten, der sogenannten Hydrokultur.

Fast alle unsere Kulturpflanzen benötigen für ein fruchtbares Wachstum **16 Nährstoffe,** und zwar sind dies neben dem Wasserstoff (H), dem Kohlenstoff (C) und dem Sauerstoff (O) noch 13 weitere Stoffe, die wir in Hauptnährstoffe und Spurennährstoffe unterteilen.

Die Hauptnährstoffe oder Hauptnährelemente sind:
Stickstoff (N), Phosphor (P), Kali (K), Schwefel (S), Calcium (Ca), Magnesium (Mg).

Die Spurennährstoffe oder Spurenelemente sind:
Eisen (Fe), Mangan (Mn), Zink (Zn), Kupfer (Cu), Chlor (Cl), Bor (B) und Molybdän (Mo).

Der Stickstoff (N), das Phosphor (P) und das Kali (K) werden auch als sogenannte **Kernnährstoffe** bezeichnet.

Welche Bedeutung haben nun die einzelnen Elemente bzw. Stoffe für die Pflanze?

Pflanzenernährung

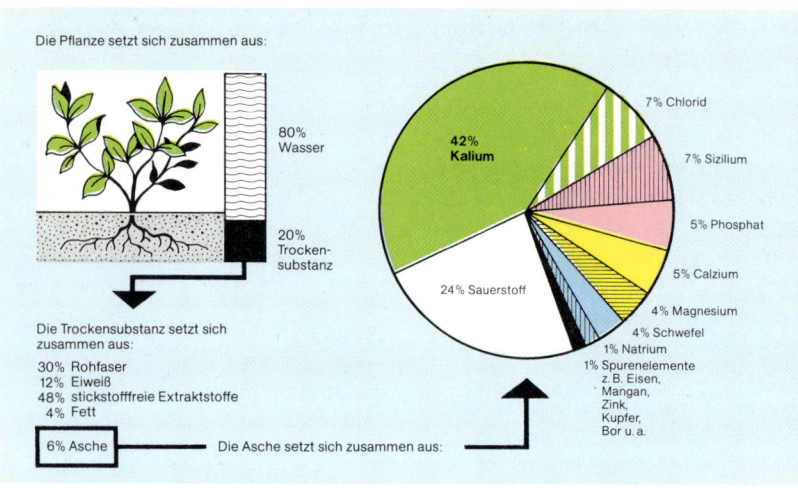

Die Pflanze setzt sich zusammen aus:

80% Wasser

20% Trockensubstanz

42% Kalium

7% Chlorid

7% Sizilium

5% Phosphat

5% Calcium

24% Sauerstoff

4% Magnesium

4% Schwefel

1% Natrium

1% Spurenelemente z. B. Eisen, Mangan, Zink, Kupfer, Bor u. a.

Die Trockensubstanz setzt sich zusammen aus:

30% Rohfaser
12% Eiweiß
48% stickstofffreie Extraktstoffe
4% Fett
6% Asche — Die Asche setzt sich zusammen aus:

Dies ist die durchschnittliche Zusammensetzung der Pflanze.

Stickstoff wird auch als der Motor des Pflanzenwachstums bezeichnet. Er ist dafür verantwortlich, daß Pflanzen in die Länge wachsen, und wenn man ihnen zuviel davon gibt, dann fangen sie an zu treiben. Der Fachmann nennt es Geiltriebigkeit oder Mastigkeit.

Stickstoffdünger wurden früher sehr viel aus Südamerika importiert. Dort wurde er als Guano abgebaut und auch als Chilesalpeter in großen Mengen nach Mitteleuropa geliefert.
Heute wird der überwiegende Teil der Stickstoffdünger, die im Handel sind, künstlich aus dem Luftstickstoff gewonnen. Dies ist mit einem sehr großen Energieaufwand verbunden, was die ständige Verteuerung dieser Stickstoffmineraldünger

erklärt. Die Gehalte schwanken von 15–38% Stickstoff, und es passiert sehr häufig, daß gutmeinende Gartenbesitzer ihre Pflanzen damit überdüngen, da sie zuviel davon verwenden.

Phosphor ist für den Fruchtansatz und für die Blütenbildung verantwortlich. Sehr häufig genügt bereits eine geringe Menge Phosphordünger, um einen Strauch oder eine Staude, die lange Zeit nicht geblüht haben, die schönste Blütenpracht entfalten zu lassen.

Kali schließlich ist verantwortlich für die Zellfestigkeit. Durch eine gute Kaliversorgung wird die Pflanze insgesamt kräftig und widerstandsfähig gegen alle Arten von Schädlingen. Vor allen Dingen im Spätherbst

Pflanzenernährung

sollte man noch einmal eine Kalidüngung verabreichen, da dies dazu führt, daß alle unsere Pflanzen, einschließlich der Bäume, den Frost besser überstehen.

Schwefel ist für den Gesamtstoffwechsel der Pflanze mitverantwortlich. Einige der für das Leben wichtigen Aminosäuren bestehen aus schwefelhaltigen Verbindungen. Außerdem ist der charakteristische scharfe Geschmack einiger Pflanzen, wie z. B. der Kapern, des Senfs und des Rettichs, auf eine Anhäufung von schwefelhaltigen Verbindungen in der Pflanze, den sogenannten Senfölen, zurückzuführen.

Calcium schließlich ist dafür verantwortlich, daß alle anderen Nährstoffe in der Pflanze überhaupt ihre optimale Wirkung entfalten. Calcium ist gewissermaßen die Balancierstange für die anderen Nährelemente. Es ist im Erdboden in zahlreichen anderen Verbindungen vorhanden und wird daher meistens bereits in Verbindung mit Phosphatdüngern verabreicht. Außerdem ist Calcium in den Kalkdüngern enthalten und mitverantwortlich für den Säurehaushalt des Bodens. Auch Calcium spielt bei der Steuerung des Stoffwechsels der Pflanze eine wesentliche Rolle.

Magnesium, das im Erdboden meist als Karbonat vorhanden ist und daher häufig auch in Verbindung mit Kalkdüngern verabreicht wird, ist für die Bildung des grünen Farbstoffs der Pflanzen, des Chlorophylles, unentbehrlich. In einer reinen Lösung ist Magnesium stark giftig, und bei zu hoher Magnesiumkonzentration im Boden wird die Kaliaufnahme der Pflanze gehindert. Dies macht deutlich, warum es wichtig ist, die Nährstoffe in ausgewogenem Verhältnis zueinander dem Boden zuzugeben und damit der Pflanze zur Verfügung zu stellen.

Eisen ist ebenfalls in einer Reihe von wichtigen Zellbestandteilen eingebaut. Eisen ist für die Bildung des Chlorophylles ebenfalls sehr wichtig, und wenn es zu Eisenmangel kommt, kommt es auch zu Chlorophyllmangel, was sich in einer blaßgelben Farbe der Blätter deutlich macht. Man spricht dann auch von einer Chlorose. Auf reinen Kalkböden tritt relativ häufig Eisenmangel auf, da das Eisen durch das Karbonat im Boden festgehalten wird. Auch ein Überschuß von Mangan im Boden kann zu Eisenmangel führen, da die Ionen des Mangans und des Eisens gewissermaßen um die Wette laufen, um in die Pflanze aufgenommen zu werden. Bei diesem Wettlauf um die Gunst der Pflanze behindern sie sich häufig gegenseitig.

Zink ist schließlich für den Wachstumsprozeß der Pflanze mitverant-

Pflanzenernährung

wortlich. Bei Zinkmangel kommt es zu Wachstumsstörungen, wie z. B. zu einer zu kleinen Blattbildung (Verzwergung). Bei einem Fehlen von Zink wird der gesamte Wuchsstoffhaushalt der Pflanze gestört.

Kupfer ist ebenfalls ein für den Stoffwechsel der Pflanze wichtiges Spurenelement. Kupfermangel wirkt sich besonders nachteilig auf Gräser aus und führt z. B. zur Lecksucht von Vieh.

Chlor ist vor allen Dingen im Zellsaft der Pflanze angereichert. Man vermutet, daß es bei der Sauerstoffaufnahme der Pflanze eine Rolle spielt. Auf natürlichen Standorten kommt es niemals zu Chloridmangel, wohl aber zu Chloridüberversorgung durch z. B. Streusalz.

Bor hat sich bis heute seiner Entdeckung entzogen. Wir wissen zwar, daß es in geringen Mengen für Pflanzen lebensnotwendig ist und in bereits geringfügig höheren Konzentrationen giftig wird. Warum und weshalb Bor jedoch so wirkt, ist bis heute nicht eindeutig geklärt.

Molybdän spielt eine Rolle bei der Festlegung des Luftstickstoffs durch die Pflanzen. Es ist daher vor allen Dingen für Leguminosen von großer Bedeutung.

Außer diesen jetzt beschriebenen Hauptnährelementen und Spuren-elementen gibt es noch einige Wirkstoffe in den Böden, die für die Pflanze zwar nicht unbedingt lebenswichtig sind, die sich aber als für das Wachstum nützlich erwiesen haben. Dazu gehören das Silicium (Si) und das Natrium (Na).

Silicium Man hat in Versuchen festgestellt, daß eine gut mit Silicium versorgte Pflanze, das in den Zellaußenwänden abgelagert wird, nicht von beißenden und saugenden Schädlingen so leicht befallen wird, wie eine mit Silicium unterversorgte Pflanze. Es kommt im Haushalt der Natur sehr häufig vor und ist vor allen Dingen in granithaltigen Böden stark vorhanden. Mangelerscheinungen mit Silicium sind sehr schwer nachzuweisen. Es verbessert die Standfestigkeit der Pflanze wesentlich.

Natrium Von ihm weiß man, daß es nur für einige wenige Pflanzen wirklich notwendig ist. Auch über den Stoffwechsel des Natriums wissen wir sonst noch sehr wenig.

Nährstoffaufnahme

Nun nehmen unsere Pflanzen die Nährstoffe aber nicht nur mit der Wurzel auf. Sie sind auch in der Lage, Nährstoffe mit dem Blatt aufzunehmen, und zwar auch Kohlendioxyd, Sauerstoff und die im Wasser gelösten Stoffe.

Pflanzenernährung

Gut durchwurzelter Boden: gute Luft- und Wasserführung, intensives Bodenleben.

Nährstoffaufnahme erfordert bei den Pflanzen Energie. Diese Energie muß durch die sogenannte **Wurzelatmung** zur Verfügung gestellt werden. Aus diesem Grunde ist es notwendig, daß die Wurzeln der Pflanzen mit Sauerstoff gut versorgt sind. Man spricht in diesem Zusammenhang von **Bodenlüftung.** Erstaunlicherweise besitzen Pflanzen ein Wahlvermögen, und zwar nehmen sie bevorzugt solche Stoffe auf, die sie tatsächlich benötigen. Die Wurzel ist dabei für Pflanzen ein wichtiger Filter, weil durch die Wurzel schädliche Stoffe zum großen Teil von der Aufnahme ausgeschlossen werden. Dies gilt jedoch nur, solange solche Schadstoffe, wie z. B. die im Streusalz enthaltenen Salze, nicht in Überkonzentration angeboten werden. Dann kommt es zu **Stoffwechselstörungen,** die Filterfunktion der Wurzel wird ausgeschaltet, die Pflanze nimmt diese Schadstoffe auf, lagert sie in ihren Zweigen und Blättern ab und stirbt eines Tages.

Nun nehmen die Pflanzen mit Hilfe der Wurzeln nicht nur die ihnen leicht dargebotenen Nährstoffe auf, sondern sind auch in der Lage, mit Hilfe ihrer Wurzelausscheidungen, die leichte Säuren sind, selber Nährstoffe aus den sie umgebenden Bodenteilen herauszuholen.

Die größte Leistung, die alle unsere Pflanzen vollbringen, ist die der Fotosynthese.

Pflanzenernährung

Dabei bauen die grünen Pflanzen lediglich mit Hilfe der Sonnenenergie aus sehr einfachen Grundstoffen sehr energiereiche hochwertige Verbindungen auf.

Bei der Fotosynthese wird durch den Einfluß der Lichtstrahlung das Wassermolekül aufgespalten. Bei dieser Spaltung entsteht Wasserstoff. Dieser Wasserstoff hilft nun mit, das Kohlendioxyd in Zucker umzuwandeln. Gleichzeitig wird der bei diesem Prozeß von der Pflanze ebenfalls produzierte Sauerstoff von den Pflanzen gewissermaßen als Abfallprodukt ausgeschieden. Dieses Abfallprodukt Sauerstoff ist aber für uns Menschen lebensnot-

wendig, und wir revangieren uns gewissermaßen den Pflanzen gegenüber damit, daß wir Kohlendioxyd von uns geben. Dies gilt auch für die Tiere, und zwar sowohl für die auf dem Boden als auch die im Boden lebenden.

Nachdem die Pflanze nun das Kohlendioxyd in Zucker umgewandelt hat, baut sie aus dem Zucker alle für sie wichtigen Stoffe auf, nämlich die Kohlenhydrate, Fettstoffe, Eiweißstoffe und Wuchsstoffe, die für den Stoffwechsel der Pflanze wichtig sind. Vor allen Dingen aber werden durch diese Umwandlungsprozesse in der Pflanze die für uns Menschen so wichtigen Vitamine gebildet.

Stickstoffsammelnde Pflanzen für den Hausgarten.

Die Entstehung der Gesteine

Das Ausgangsmaterial für jegliche Bodenbildung sind die Gesteine. Sie werden aus verschiedenen chemischen Elementen aufgebaut, wie z. B. Silizium, Kalzium, Aluminium. Jegliches Gestein ist nach genau festgelegten Bauplänen gebaut. Die einzelnen chemischen Elemente sind nach diesen Plänen miteinander verbunden. Sie bilden Kristalle. Diese Kristalle werden je nach ihrem Aufbau und nach ihren Eigenschaften, z. B. der Farbe, dem Glanz, der Härte oder der Spaltbarkeit in bestimmte Gruppen eingeteilt. Diese einzelnen Gruppen der verschiedenen Kristalle bezeichnet man als Minerale.

Gesteine sind Gemische von verschiedenen Mineralen.

Wir kennen hauptsächlich zwei große Gruppen von Gesteinen:
- Erstarrungs- oder Massengesteine (kristalline Gesteine) und
- Sediment-, Absatz- oder Schichtgesteine.

Die Erstarrungsgesteine

Bei den Erstarrungs- oder Massengesteinen unterscheiden wir zwischen
- Ergußgesteinen und
- Tiefengesteinen.

Beiden gemeinsam ist, daß sie durch Glutfluß entstanden sind. Dieser Glutfluß heißt Magma und ist geschmolzenes Gestein.

Das **Ergußgestein** ist dadurch entstanden, daß das an die Erdoberfläche getretene Magma, z. B. bei einem Vulkanausbruch, an der Erdoberfläche erstarrte. Man nennt die Ergußgesteine deshalb auch Vulkanite. Die bekanntesten Vertreter dieser Gesteine sind der **Basalt** und der **Diabas.**

Bruchrauher Basalt aus dem Rheinland.

Diabas mit polierter Oberfläche.

Bodenbildung

Basalt   Er wird uns noch als Mittel zur Bodenverbesserung begegnen und soll deshalb etwas ausführlicher besprochen werden.
Sein Name kommt aus dem Lateinischen. Dort heißt er »basanites«. Das bedeutet: Stein aus Basan, einem Ort in Syrien.
Basalt dürfte das wohl am weitesten verbreitete Gestein des Tertiär und auch der Neuzeit sein, da sich Ergußgesteine auch heute noch bei Vulkanausbrüchen neu bilden. Das Tertiär ist der Teil der Erdgeschichte, der ungefähr 59 Millionen Jahre zurückliegt. In dieser Zeit wich das Meer, das bis dahin alles bedeckte, schon zurück, es entwickelten sich auf der Erde Kräuter, Gräser und Laubhölzer, die Vögel breiteten sich aus, und es begann die Entwicklung und Entfaltung der Säugetiere. Es ist auch die Zeit, in der es zur Entstehung der Alpen durch Auffaltung kam.
Basalt hat ein hohes Gewicht und besitzt eine hohe Druckfestigkeit.

Granit aus dem Fichtelgebirge.

Da es beim Erguß aus dem Erdinnern **schnell erstarrte,** hat es sehr feine Kristalle. Seine Farbe schwankt von schwarz bis schwarzblau (Blaubasalt als Straßenbelag).
Tiefengestein ist dadurch entstanden, daß das aus der Erde nach oben drängende Magma nicht heraus konnte, sondern in der Erdkruste erstarrte. Im Gegensatz zu Basalt sind diese Tiefengesteine sehr **langsam erstarrt.** Dadurch kam es zur Bildung von gröberen Kristallen. Die bekanntesten Gesteine dieser Gruppe sind **Gabbro** und **Granit.**
Granit   Er ist nun nicht nur das wichtigste Gestein, welches aus Magma, dem Glutfluß, entstanden ist, sondern auch das häufigste Gestein. Etwa $9/10$ der Gesteinsringe der Erde bestehen aus Granit.
Seine Hauptmineralien sind Feldspat, Quarz und Glimmer. Es gibt jedoch zahlreiche Arten, die sich in der Zusammensetzung voneinander unterscheiden. Granit hat meistens eine helle Farbe, die von Grau über Fleischrot, Gelbrot bis Grünlich schwankt. Die Farbe ist vom Gehalt an Feldspat abhängig. Die ärmsten Böden sind Granitverwitterungsböden.

Die Sedimentgesteine
Diese Art von Gesteinen sind auf verschiedene Weise entstanden.
Sie wurden zum Teil im Wasser abgelagert, wie z. B. Ton, Mergel, Kalkstein, Dolomit und Sandstein. Durch den Wind verweht und abgelagert

Kreidekalk aus Frankreich.

wurden z. B. der Löß und vulkani-sche Aschengesteine. Das Eis hat Trümmergesteine als Geschiebe-mergel abgelagert. Zu den häufig-sten Sedimentgesteinen gehört der **Kalkstein** und der **Dolomit.**

Kalkstein aus Württemberg.

Sie sind aus Kalkschlammablage-rungen oder durch die Ausschei-dungen von Organismen entstan-den und bilden mächtige Gesteins-formationen (Kalkalpen, Dolomiten).

Wie die Böden aus den Steinen entstanden

Die beiden großen Gruppen der bis-her besprochenen Gesteine werden auch noch anders genannt.
So nennt man die Ergußgesteine auch Silikatgesteine oder kristalline Gesteine.
Ergußgesteine = Silikatgesteine.
Die Sedimentgesteine werden auch als Schichtgesteine bezeichnet oder als Karbonatgesteine.
Sedimentgesteine = Karbonat-gesteine.

Die Silikatgesteine sind an der Zu-sammensetzung der Erdoberfläche nur mit ungefähr 25% beteiligt. Kar-bonatgesteine dagegen sind zu 75% in der Erdoberfläche enthalten.

Daraus wird deutlich, daß die Kar-bonatgesteine für die Bildung der Böden wichtiger sind als die Sili-katgesteine.

Mit dem Silikatgestein oder dem Karbonatgestein allein kommen wir nicht weit, wenn wir Pflanzen wach-sen lassen wollen, da auf Granit, Gneis oder Kalkstein allein nichts wachsen kann, außer einigen weni-gen Flechten und Moosen.
Die Gesteine und die in ihnen ent-haltenen Minerale unterliegen nun an der Erdoberfläche den verschie-densten Einflüssen, die für ihre Ver-änderung verantwortlich sind. Dabei kommt es zu zum Teil sehr kompli-

Bodenbildung

zierten chemischen Reaktionen, die wir hier gar nicht in aller Sorgfalt erklären können.

Grundsätzlich merken wir uns: Der Säuregrad eines Bodens, den wir als pH-Wert (siehe auch Seite 25) bezeichnen und den wir messen und durch verschiedene Eingriffe in den Boden verändern können, ist für die Veränderung der chemischen Zusammensetzung des Bodens ganz wesentlich.

Die Verwitterung

Die Gesteine unterliegen dem Einfluß des Regens, der Sonne, der Wärme und der Kälte. Auch die Pflanzen wirken auf die Minerale ein. So ist es zu erklären, daß durch die Umwandlung dieser Gesteine und Minerale neue Produkte entstehen können. Wir nennen diesen Vorgang **Mineralneubildung.** Den Prozeß dieser Umwandlung bezeichnen wir als Verwitterung.

Bei diesem Vorgang der Verwitterung unterscheiden wir nun zwei große Einflüsse auf die Gesteine und Minerale, und zwar

- die physikalische Verwitterung und
- die chemische Verwitterung.

Die physikalische Verwitterung
Sie umfaßt alle Vorgänge, die zu einer mechanischen Zerkleinerung und damit zu einer Oberflächenvergrößerung des Gesteins führen. Im einzelnen handelt es sich dabei um folgende Vorgänge:

Temperaturveränderungen Die Oberfläche eines Felsens oder eines Steins wird natürlicherweise stärker erwärmt als das Innere der Gesteine. Dadurch entstehen Spannungen. Durch diese Spannungen bilden sich Risse, und es lösen sich kleine Gesteinsteile ab. Die Temperaturunterschiede werden um so stärker wirksam, je größer der Felsen oder Stein ist und je unterschiedlicher dieser Felsen oder Stein in seiner Farbe ist.

Diese Oberflächenvergrößerung ist die Voraussetzung dafür, daß es später zu einer chemischen Verwitterung kommen kann.

Eisbildung (Spaltenfrost) Das Wasser kann nun in die durch Temperaturveränderungen entstandenen feinen Risse eindringen. Wenn es friert, dehnt es sich um 10% aus und sprengt wiederum Gesteins- oder Felsteile ab. Dadurch kommt es zum Abbruch von kleineren oder größeren Steinen, die beim Sturz nun ebenfalls wieder zersplittern und einen groben Schutt bilden.

Fließendes Wasser Das von den Bergen stürzende Wasser hat eine ziemliche Gewalt. Es reißt kantige Blöcke und große Steine mit. Sie werden aneinandergeschlagen und zerteilen sich dabei wiederum. Dadurch entstehen Geröll, Kies und kleinere Sandteilchen. Die kleineren Sandteilchen werden nun mit dem Wasser weitertransportiert, schlei-

Durch das Aneinanderschlagen der Gesteine wird deren Zerkleinerung gefördert.

fen wiederum an den größeren Steinen und fördern damit den Vorgang der Zerkleinerung.

Wind Er trägt ebenfalls zur physikalischen Verwitterung bei. Durch wegwehende Sandteilchen werden Felsen poliert und ebenfalls kleinere Teilchen abgeschliffen.

Gletscher Sie zerreiben unter dem Eis die Grundmoräne und tragen damit ebenfalls zur weiteren Zerkleinerung bei.

Pflanzenwurzeln Die in die Risse der Steine eindringenden Pflanzenwurzeln, die eine ziemliche Sprengkraft entfalten können, helfen ebenfalls, das Gestein weiter zu lockern. Die physikalische Verwitterung führt zu einer Vergrößerung der Oberfläche und schafft dadurch die Voraussetzung für die chemische Verwitterung. Chemische und physikalische Verwitterung können nicht immer voneinander getrennt werden, da die Übergänge fließend sind.

Chemische Verwitterung und pH-Wert

Während bei der physikalischen Verwitterung die Gesteine lediglich in kleinere Teile zerlegt werden, verändert die chemische Verwitterung die stoffliche Zusammensetzung der Gesteine. Dabei entstehen neue Verbindungen. Die Wirkung des Wassers ist dabei besonders wichtig.

Wir hatten bereits gesagt, daß Gesteine aus verschiedenen Mineralen bestehen. Der Zusammenhalt dieser verschiedenen Minerale in einem Gestein wird nun durch das Anlagern oder das Einlagern von Wassermolekülen verringert oder sogar aufgelöst. Die in den Gesteinen enthaltenen Minerale zerfallen in ihre einzelnen Bestandteile und können im Bodenwasser gelöst werden, wodurch sie sogar ausgewaschen werden können.

Ein Teil dieser Wassermoleküle sind

Bodenbildung

Der pH-Wert ist ein Maß für den Kalkzustand des Bodens

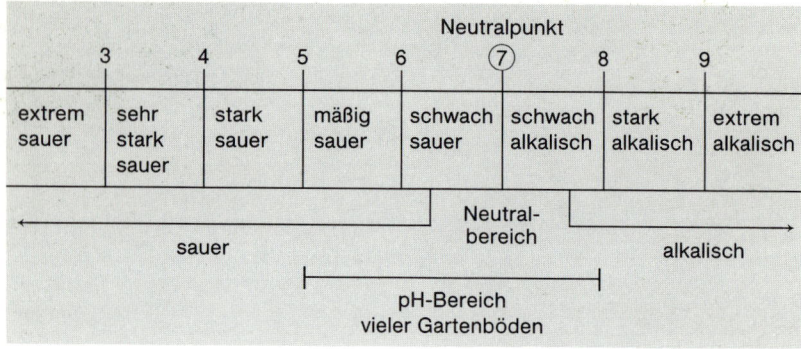

nun aufgespalten in die positiv geladenen Wasserstoffionen (H^+) und negativ geladenen Hydroxydionen (OH^-). Als Ionen bezeichnen wir elektrisch geladene Teilchen, die wiederum in positiv geladene Kationen und negativ geladene Anionen unterteilt werden.

Den Gehalt des Bodenwassers an H^+-Ionen kann man messen. Das Ergebnis der Messung ist der pH-Wert. Der Begriff »pH« ist abgeleitet von dem lateinischen Begriff »potentia hydrogenii«, was »Potenz des Wasserstoffs« heißt.

Wenn es nun zu einer Verschiebung des Gleichgewichts dieser positiven und negativen Ionen kommt, so kommt es auch zu einer Veränderung des pH-Wertes. Der pH-Wert gibt nämlich den Gehalt an Wasserstoffionen in der Bodenlösung an. Bei reinem Wasser ist die Konzentration von Wasserstoffionen (H^+) der Wert 7. Man nennt das den Neutralpunkt. Wenn der pH-Wert unter

7 absinkt, so hat die Bodenlösung mehr positiv geladene H^+-Ionen, das heißt, die Bodenreaktion wird dann als **saure Reaktion** bezeichnet. Kommt es jedoch zu einem Überschuß von negativ geladenen OH^--Ionen, so haben wir eine **alkalische Reaktion,** und der pH-Wert steigt über 7 an.

Durch die ständige Einwirkung dieser beiden Ionen werden im Laufe der Zeit fast alle Minerale zerstört. Man nennt diesen Vorgang **Hydrolyse.** Die bei diesem Prozeß freigesetzten Stoffe dienen entweder den Pflanzen als Nährstoffe, z. B. das herausgelöste Kali, oder verbinden sich mit anderen bei der chemischen Verwitterung entstehenden Produkten zu ganz neuen Verbindungen, aus denen z. B. dann die wertvollen Tonminerale entstehen können.

Tonminerale   Sie sind von ganz großer Bedeutung für die Fruchtbarkeit unserer Böden. Sie sind

Bodenbildung

nämlich für das verantwortlich, was wir **Basenaustausch** nennen. Darunter verstehen wir die Fähigkeit der Tonminerale, Pflanzennährstoffe festzuhalten und auch wieder abzugeben. Diese Fähigkeit ist für die Pflanzenernährung von ganz großer Bedeutung.

Kommt es zu einem ständigen Überschuß von positiv geladenen Wasserstoffionen, so führt dies zu einer ständigen **Versauerung des Bodens.** Dadurch werden letzten Endes auch die durch die chemische Verwitterung neu gebildeten Tonminerale angegriffen. In den Tonmineralen sind z. B. Aluminiumverbindungen festgehalten. Sie werden durch die Versauerung aus den Tonmineralen herausgelöst und wirken dann stark giftig. Auf diesen Vorgang ist anscheinend das große Sterben unserer Nadelbäume in den Wäldern zurückzuführen.

Der pH-Wert ist für unseren Gartenboden also viel wichtiger als mancher Gartenbesitzer im allgemeinen weiß.

Den pH-Wert kann man auf verschiedene Art und Weise messen.

Der sicherste Weg ist der, bei einer Bodenuntersuchung gleichzeitig eine Bestimmung des pH-Wertes durchführen zu lassen. Der Samenfachhandel bietet allerdings auch sogenannte pH-Testverfahren an, mit deren Hilfe man sehr einfach und ohne chemische Vorkenntnisse

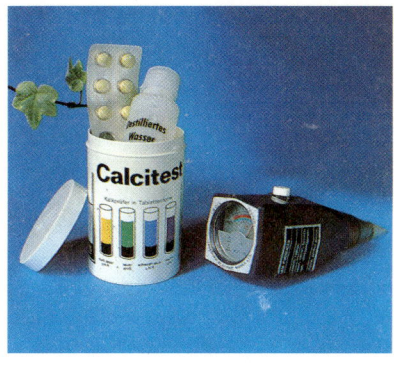

Chemischer und elektrischer pH-Wert-Messer.

den pH-Wert seines Bodens auf recht einfache Art und Weise selber gut bestimmen kann.

Abgesehen von diesen im Handel befindlichen Packungen für die Bestimmung des pH-Wertes gibt es auch bereits Meßgeräte, die man lediglich in den Boden steckt und wo man dann den pH-Wert an einer Skala ablesen kann. Diese Geräte sind so empfindlich, daß sie sogar auf die Feuchtigkeit der Hand reagieren.

Hier wird der pH-Wert abgelesen.

Bodenbildung

Die Auswirkung des pH-Wertes auf die Pflanzen

So, wie es unter den Menschen ganz unterschiedliche Ernährungsgewohnheiten gibt, so haben auch die Pflanzen unterschiedliche Lebensansprüche.

Koniferen z.B., das sind die immergrünen Nadelgehölze, und auch viele Rhododendren und Azaleen mögen gerne einen sauren Boden. Rosen dagegen lieben kalkhaltige Böden, und auch so beliebte Pflanzen wie der Jasmin *(Jasminum nudiflorum)* mit seinen weißen, duftenden Blüten und die gelb blühende Forsythie *(Forsythia)* mögen Kalk im Boden. Sogar eine *Rhododendron*-Art, nämlich *Rhododendron hirsutum,* kann auf kalkhaltigen Boden gepflanzt werden.

Es ist aufgrund dieser völlig verschiedenen Bodenansprüche, die die einzelnen Pflanzen haben, für das Gedeihen der Pflanzen wichtig, den pH-Wert des Bodens zu kennen und vor allem zu wissen, wie man diesen pH-Wert verändern kann. Dazu sollen nun einige Hinweise gegeben werden.

Rhododendren und Azaleen lieben sauren Boden.

Warum ist Kalk so wichtig?

Ein wenig Chemie

Es wurde schon gesagt, daß durch die Zugabe von Kalk in den Boden der pH-Wert nach oben, das heißt, über den Wert 7, verschoben werden kann.

Was passiert denn nun eigentlich, wenn wir auf unseren Boden Kalk geben?

Sie erinnern sich an das, was wir von der chemischen Verwitterung (siehe auch Seite 25) gesagt haben. Wir sprachen in diesem Zusammenhang auch von Lösungsverwitterung. Dadurch verändert sich die chemische Zusammensetzung der Gesteine. An diesem Vorgang ist Wasser stark beteiligt.

Bei der **Verwitterung von Kalkstein** kann es daher zu großen Kalkverlusten kommen. Die Wirkung des Wassers (H_2O) wird noch dadurch verstärkt, daß sich das Kohlendioxyd der Luft (CO_2) mit dem Wasser verbindet und dabei eine Säure entsteht, nämlich Kohlensäure (H_2CO_3).

Die chemische Formel für die häufigste Form des bei uns vorhandenen Kalkes ist $CaCO_3$. Das ist Kalziumkarbonat. Diese Form des Kalkes ist sehr **schwer wasserlöslich.** Wir hatten aber festgestellt, daß Säure die Gesteine zur Lösung bringt. Diese erhalten wir durch folgende chemische Reaktion:

- Wasser (H_2O) + Kohlendioxyd (CO_2) ergibt Kohlensäure (H_2CO_3).

Nun lassen wir diese Kohlensäure auf unseren schwer wasserlöslichen Kalk, das Kalziumkarbonat ($CaCO_3$), einwirken, und dann kommt es zu folgender chemischer Reaktion:

- Kalziumkarbonat ($CaCO_3$) + Kohlensäure (H_2CO_3) ergibt **Kalziumhydrogenkarbonat** ($Ca(HCO_3)_2$).

Das ist das Endprodukt dieser Reaktion, und diese Form von Kalk ist nun **leicht wasserlöslich** und daher auswaschbar.

Diese Auswaschung ist bei niedriger Temperatur größer als bei wärmerem Wetter. Daraus ergibt sich die Folgerung, daß nach der Herbst- und Winterruhe des Gartens im Frühjahr der Kalkverlust ausgeglichen werden muß, um einen gesunden Gartenboden zu erhalten.

Wann verwende ich Kalk?

Die meisten Böden sind nicht von selbst als ein idealer Standort für unsere Kulturpflanzen geeignet. Der Mensch hat daher seit Beginn des Ackerbaues viel Arbeit darauf verwendet, die von Natur aus unvollkommenen Böden zu verbessern. Nun hat ein Boden zwei wesentliche Eigenschaften, nämlich die physikalische und die chemische. Als eine **physikalische Eigenschaft** ist z.B. die Körnung des Bodens zu bezeichnen. Wir nennen das die Bodenart.

Warum ist Kalk so wichtig?

Ausgetrockneter, verdichteter, rissiger Boden als Folge von Kalkmangel.

Eine **chemische Eigenschaft** des Bodens ist sein Säuregrad, ausgedrückt als pH-Wert.
Es ist nun wesentlich leichter, die chemischen Eigenschaften eines Bodens zu verbessern, als z. B. zu versuchen, die Bodenart zu verändern. Aus einem reinen Tonboden wird kaum reiner Sand werden und umgekehrt.
Wenn sich die chemischen Bodeneigenschaften zum Vorteil der Pflanzen und der im Boden lebenden Tiere haben verändern lassen, so daß ideale Lebensbedingungen bestehen, sprechen wir von einer **optimalen Bodenreaktion.** Sie ist die Voraussetzung für den Erfolg vieler anderer Maßnahmen der Bodenpflege und Düngung.

Kalkdünger sind für diesen Zweck geradezu lebensnotwendig. Bei diesen Kalkdüngern handelt es sich um basisch wirkende Stoffe (basisch wirksam = die Versauerung verändernd). Sie haben ihre Fähigkeit, basisch zu wirken, durch Vermahlung oder durch chemische Umwandlung von natürlichen Kalken erhalten. Durch Zugabe von Kalk zum Boden schaffe ich erst die Voraussetzung für die Fähigkeit einiger Bodenbewohner, den in der Luft enthaltenen Stickstoff (78% der Luft) mit Hilfe der Pflanzen in den Boden zu holen.
Aber auch andere Kleinlebewesen im Boden vermehren sich in einem kalkhaltigen Boden leichter. Dadurch wird wieder die Humusversor-

Warum ist Kalk so wichtig?

gung des Bodens verbessert, der Boden wird locker, krümelig, lebendig und gesund. Die anderen Nährstoffe wie Stickstoff, Phosphor, Kali und Magnesium werden durch Kalk erst richtig wirksam. Dadurch wird die Qualität der Gartenfrüchte verbessert, die Pflanzen sind besser ernährt und damit gesünder.

Da ein enger Zusammenhang besteht zwischen dem Ernährungszustand der Pflanze und dem Befall mit Schädlingen (gesunde Pflanzen werden weniger oder gar nicht befallen), fördert die Verwendung von Kalk auch den geringeren Einsatz von Pflanzenschutzmitteln, was wiederum im Interesse des Umweltschutzes ist.

Gerade heute ist Kalkung wichtig! Aus den Schornsteinen der Industrie, den privaten Haushalten und aus den Auspuffrohren der Millionen von Autos entweicht stets eine gewisse Menge Schwefel in die Luft. Sie verbindet sich mit Wasser zu schwefeliger Säure und fällt als »saurer Regen« auf den Boden. Um die Versauerung unserer Böden und auch unserer Seen auf die Dauer zu verhindern, ist auf eine Kalkung nicht zu verzichten.

Säureschäden führen oft zu Gipfeldürre. Kalkung dringend erforderlich.

Warum ist Kalk so wichtig?

Wie wird der Kalkbedarf berechnet?

Wie stelle ich fest, welche Menge Kalk ich auf einen Gartenboden geben muß, um nicht zu viel und nicht zu wenig zu kalken?
Am besten läßt man sich die erforderliche Kalkmenge gleich bei der Bodenuntersuchung mit errechnen, da dieses Verfahren nicht ganz einfach ist. Wer aber gerne eine Faustregel zur Hand hat, dem möge die Tabelle über Kalkbedarf eine Hilfe sein.

Kalkbedarf verschiedener Böden

Bodenart	Kalk je 100 m^2
leichte Böden	20 kg kohlensaurer Kalk (l) oder 12 kg gemahlener Branntkalk (s)
mittlere Böden	10 kg kohlensaurer Kalk (l) oder 36 kg gemahlener Branntkalk (s)
schwere Böden	20 kg gemahlener Branntkalk (l)

l = langsam wirkend, s = schnell wirkend

Die in der Tabelle genannten Mengen sind für den Hausgarten etwas reduziert worden, da in einem solchen Garten nicht nur Gemüse angebaut wird. Bei der Ernte des Gemüses wird dem Boden ja Nährstoff entzogen, was bei Blumen und Gehölzen nur zum geringen Teil der Fall ist. Außerdem ist berücksichtigt worden, daß unser Gartenbesitzer intensive Bodenpflege, z. B. mit Kompost und Mulchen, betreibt, so daß auch durch diese Maßnahmen gewisse Nährstoffe immer wieder zugeführt werden.

> Wichtig ist bei der Kalkung, daß der Kalk mit dem Boden gut durchmischt, jedoch nicht untergegraben wird.

Auf keinen Fall darf man Kalk ausbringen und ihn dann unbearbeitet liegen lassen, da er sich zu einer festen Kruste auf dem Boden zusammenzieht und sich dann nur noch sehr schwer in den Boden einarbeiten läßt. Für die Einarbeitung in den Boden sind am besten Geräte wie z. B. das Gartenwiesel geeignet.

Die verschiedenen Kalkarten

Aber welchen Kalk nehme ich nun, denn Kalk ist nicht gleich Kalk! Es gibt viele verschiedene Sorten: Branntkalk, Hüttenkalk, Algenkalk, Löschkalk, Kalkmergel und mehr. Es ist gar nicht einfach für den Gartenbesitzer, das richtige Produkt aus dem großen Angebot herauszufinden. Die Einzelheiten über die verschiedenen Kalkarten, vor allen Dingen im Hinblick auf ihre schnelle oder langsame Wirkung, entnehmen Sie bitte der Tabelle auf Seite 33.

Zusammenstellung einiger der gebräuchlichsten Kalkdünger

Produktbezeichnung	Für welche Böden geeignet?	Wirkungsweise
Kalkmergel (Kohlensaurer Kalk) 80–90% $CaCO_3$	Zur Erhaltungskalkung für leichte und mittlere Böden. Zur Gesundungskalkung von Sand- und Moorböden.	Milde und lange anhaltende Wirkung. Ältester bekannter Kalkdünger.
Kohlensaurer Kalk mit Magnesium, 80–90% $CaCO_3$ + 5–14% $MgCO_3$	Wie oben, aber auch bei geringem Magnesiummangel.	Wirkung wie oben
Kohlensaurer Magnesiumkalk, 85–95% $CaCO_3$ + 15–40% $MgCO_3$	Wie oben, aber vor allem bei **starkem** Magnesiummangel.	Wirkung wie oben
Branntkalk, gekörnt 85–90% CaO	Für alle Böden geeignet, auch zur Kalkung von Gewässern.	Schnelle Sofortwirkung. Wird heiß und ätzend. **VORSICHT!**
Magnesium-Branntkalk, gemahlen, 90% CaO + 15–40% MgO	Für die schnelle Gesundung saurer Böden und zur Erhaltungskalkung schwerer Böden.	Schnelle Wirkung
Mischkalk, 60% CaO Mischkalk mit Magnesium, 60% CaO + 5–14% MgO Magnesium-Mischkalk 60% CaO + 15–30% MgO	Diese 3 Sorten sind für leichte und mittlere Böden gedacht, je nach deren Bedarf an Magnesium.	Mischung aus langsam wirkendem Kalkmergel und schnell wirkendem Branntkalk. Daher sowohl langsam als auch schnell wirkend.
Algenkalk mind. 70% $CaCO_3$	Für leichte bis mittlere Böden. Bei Bor-Mangel.	Langsame Wirkung. Aus Meeresalgen bestehend. Gehalt an Kochsalz (NaCl) sollte nicht über 3% liegen.
Hüttenkalk 40–50% CaO, 2–3% Mangan	Für leichte Böden.	Wirkt schonend. Ist durch Mangangehalt gut geeignet, einen durch Überkalkung auftretenden Manganmangel zu beheben.

Warum ist Kalk so wichtig?

Auswahlkriterien für die richtige Kalkform

Wichtigstes Kriterium für die richtige Wahl des Kalkdüngers ist die unterschiedliche Wirkungsgeschwindigkeit der Kalke im Boden. Dabei ist darauf zu achten, daß besonders die Kalkmergel sehr wenig wasserlöslich sind und von daher sehr fein vermahlen werden müssen, um überhaupt aufgeschlossen werden zu können.

Schnell wirkende Kalke Zu ihnen gehören Branntkalk und Löschkalk, mit denen ein zu niedriger pH-Wert bzw. überschüssige Bodensäure sehr schnell beseitigt werden kann. Sie sind sehr gut wasserlöslich, und wenn man sie richtig in den Gartenboden einmischt, tritt die pH-senkende Wirkung sehr schnell ein.

Diese schnell wirkenden Kalke sind besonders für mittlere und schwere Böden geeignet.

Langsam wirkende Kalke Zu ihnen zählen der kohlensaure Kalk und vor allem der Hüttenkalk. Diese beiden Kalke müssen im Boden erst umgesetzt werden, was besonders beim Hüttenkalk sehr lange dauert.

Die langsame Wirkung dieser beiden Kalkarten ist für leichte Böden ein großer Vorteil.

Man spricht bei diesen leichten Böden auch von fehlender Pufferkraft, und aufgrund dieser fehlenden Pufferkraft könnte es bei solch leichten Böden leicht zu **Überkalkungen** kommen, vor allen Dingen dann, wenn der Kalk im Gartenboden ungleichmäßig verteilt ist. Das Problem der Überkalkung könnte allerdings auch bei langsam wirkenden Kalken auftreten. Wenn Sie jedoch immer nur die Kalkmenge auf Ihren Boden ausbringen, die wir Ihnen in der Tabelle auf Seite 32 aufgezeigt haben, so werden Sie mit einer Überkalkung keine Probleme haben.

Die Formen der Kalkung

Wir unterscheiden bei der Verwendung von Kalk im Garten zwei Formen der Kalkung. Einmal die Gesundungskalkung und zum anderen die Erhaltungskalkung.

Gesundungskalkung Hier geht es darum, einen stark versauerten Boden möglichst schnell so zu verändern, so daß wir ihn optimal nutzen können. Eine Gesundungskalkung wird hauptsächlich bei der Neuanlage eines Gartens auftreten. Es wurde bereits darauf hingewiesen, daß die zur Gesundung eines Bodens erforderlichen Düngekalkmengen nur durch eine Bodenuntersuchung genau festgestellt werden können. Dazu müssen ca. 100 g luftgetrockneter Boden an eine Landwirtschaftliche Untersuchungs- und Forschungsanstalt in Ihrer Nähe eingesandt werden.

Kalkentzug durch verschiedene Gemüsearten

Gemüseart	Kalkentzug g/100 m²		Optimaler pH-Bereich je nach Bodenart	Kalkanspruch	Kalkdüngung ++= notwendig += möglich	Torf Kompost Stallmist
	CaO	MgO				
Starkzehrend						
Wirsing	200	25	6,0–7,5	groß	+ +	ja
Blumenkohl	150	18	6,5–7,5	groß	+ +	ja
Rosenkohl	170	20	6,0–7,5	mittel	+ +	ja
Grünkohl	450	40	5,5–7,5	mittel	+ +	ja
Kohlrabi	60	70	6,0–7,5	groß	+ +	ja
Sellerie	150	40	6,5–7,5	mittel	Vorjahr	Herbst
Porree	70	30	6,0–7,5	mittel	Vorjahr	Herbst
Gurken	50	25	6,0–7,5	mittel	Vorjahr	ja
Tomaten	135	15	5,0–7,5	säureverträg-lich, aber kalkdankbar	+	ja
Kartoffeln	100	25	5,0–7,5	gering	Kopf-kalkung	ja
Mittelstarkzehrend						
Möhren	195	30	6,5–7,5	kalkliebend	Vorjahr	Vorjahr
Schwarz-wurzeln	55	15	6,5–7,5	mittel	Vorjahr	Vorjahr
Rote Rüben	100	50	6,5–7,8	mittel	Vorjahr	Vorjahr
Zwiebeln	70	30	6,5–7,7	säure-empfindlich	Vorjahr	Vorjahr
Spinat	40	30	6,2–7,5	sehr säure-empfindlich	Vorjahr	–
Rettich	60	30	5,5–7,0	säure-empfindlich	Vorjahr	–
Radieschen	28	25	5,5–7,0	mittel	Vorjahr	Kompost
Schwachzehrend						
Dicke Bohnen	250	25	5,5–7,5	mittel	+	–
Busch-bohnen	76	15	6,0–7,2	mittel	+ +	–
Stangen-bohnen	130	25	5,5–7,5	mittel	+ +	–
Markerbsen	150	18	6,0–7,5	säure-empfindlich	+ +	–
Kopfsalat	35	10	5,5–7,5	sehr säure-empfindlich	Vorjahr	Vorjahr

Warum ist Kalk so wichtig?

Erhaltungskalkung Hier handelt es sich darum, den durch die chemische Verwitterung verursachten Kalkverlust im Boden zu ersetzen. Diese Verluste sind je nach Witterung und Bodenart unterschiedlich groß. Sie können, als Faustregel, davon ausgehen, daß bei den mittleren und schweren Böden ca. 5 kg Reinkalk und auf leichten, humusreichen Böden 3–4 kg Reinkalk je 100 m² jährlich zu ersetzen sind.

Die Erhaltungskalkung geben Sie am zweckmäßigsten jährlich auf $^1/_3$ der Gartenfläche, und zwar immer für drei Jahre auf einmal.

Wenn Sie sich dann noch markieren, wo Sie in dem betreffenden Jahr gekalkt haben, erreichen Sie außer einer Arbeitserleichterung auch noch eine gute Gedächtnisstütze für den nötigen Fruchtwechsel in Ihrem Gemüsegarten. Auf dem gerade gekalkten Teil werden jeweils die besonders kalkliebenden Gemüsearten angebaut, wie z. B. alle Kohlarten, Hülsenfrüchte oder Möhren. Den Kalkbedarf der einzelnen Gemüsearten entnehmen Sie bitte der Tabelle auf Seite 35. Wichtig ist, daß Sie den Kalk stets gut mit der Oberfläche des Bodens vermischen, da er sonst eine feste Kruste bildet, die nicht mehr eingearbeitet werden kann.

Kalkung und pH-Wert

Wir haben nun schon sehr oft vom pH-Wert gesprochen, und Sie werden sich fragen, was ist nun der richtige Wert für meinen Boden. Auch dazu gibt es einige Richtwerte:

Bodenart	pH-Wert
leichte Böden	5,5
mittlere Böden	6,0–6,5
schwere Böden	7,0

Wenn Sie nun beabsichtigen, den pH-Wert Ihres Bodens um einen Wert zu erhöhen, also z. B. von pH 6 auf pH 7, so müssen Sie für je 100 m² Ihres Bodens folgende Mengen an Kalk verwenden:

Bodenart	Kalkmenge
leichte Böden	15 kg Branntkalk oder 30 kg kohlensaurer Kalk
mittlere Böden	25 kg Branntkalk
schwere Böden	30 kg Branntkalk

Verschiedene Bodenarten

Wir haben bereits mehrmals von leichten, mittleren und schweren Böden gesprochen.

Die Einteilung der Bodenarten geht im Grunde genommen viel weiter, und man unterteilt die leichten, mittleren und schweren Böden wieder in eine ganze Zahl von Untergruppen. Es hat sich jedoch in der Praxis gezeigt, daß die Unterteilung in diese drei großen Gruppen durchaus richtig ist. Die Begriffe beziehen sich auf die Bearbeitbarkeit der Böden.

Leichte Böden

Bei dieser Bodenart handelt es sich um **Sandböden.** Sie zeichnen sich durch gute physikalische Eigenschaften aus, das heißt, sie haben eine gute Wasserdurchlässigkeit, sind gut durchlüftet und können leicht bearbeitet werden. Andererseits haben sie von Natur aus nur einen geringen Gehalt an Nährstoffen und sind vor allen Dingen nicht in der Lage, ihnen zugeführte Nährstoffe, wie z. B. Kali und Stickstoff, festzuhalten. Es kommt daher auf diesen leichten Sandböden sehr leicht zu einer **Auswaschung.** Bei mineralischem Stickstoffdünger können auf solchen Böden bis zu 60% der aufgebrachten Düngermenge ausgewaschen werden. Sie läuft durch den Boden hindurch wie durch ein Sieb und gerät unweigerlich ins Grundwasser. Da-

durch erhöht sich dort der Nitratgehalt, was wiederum sehr abträglich für die Gesundheit ist.

Leichte Sandböden haben außerdem ein sehr **geringes Speichervermögen** für pflanzenverfügbares Wasser. Diese geringe Wasserspeicherfähigkeit ist die Hauptursache dafür, daß solche Sandböden nur geringe Erträge liefern. Wie wichtig die Bedeutung der Feuchtigkeit für solche Böden ist, kann man daran erkennen, daß bei künstlicher Bewässerung solcher Flächen die Erträge durchaus mit mittleren und schweren Böden vergleichbar sind, das heißt, daß ein Gartenbesitzer, der einen leichten Boden hat, nicht von vornherein zu verzweifeln braucht.

> Es muß also bei einem leichten Boden vorrangig versucht werden, die Wasserhaltekraft dieses Bodens zu verbessern.

Dies geschieht am zweckmäßigsten mit Tonmineralen oder aber mit einem von der Chemie angebotenen Produkt, das sich Hygromull nennt.

Tonminerale   Sie verfügen über eine sehr große Oberfläche und sind in der Lage, sehr viel Wasser anzulagern. 1 g des Tonminerals **Bentonit,** im Handel als Agrarbentonit Edasil zu haben, bindet z. B. 20 g Wasser. 1 g dieses Materials hat eine Oberfläche von 400 m², und Sie können sich vorstellen, was pas-

Verschiedene Bodenarten

Gewinnung des Tonminerals Bentonit in einem Tagebau in Deutschland.

siert, wenn Sie dieses Material Ihrem Sandboden zumischen. Dabei genügen 150 g/m², die Sie einmal im Jahr, möglichst im zeitigen Frühjahr, dem Boden zugeben und leicht in die Oberfläche einarbeiten.

Da nun der Boden in der Lage ist, das Bodenwasser festzuhalten, kommt es auch nicht mehr zu dieser schnellen Auswaschung von Nährstoffen, und Sie können mit wesentlich weniger Dünger arbeiten als Sie sonst gewohnt waren.

Kompost Solche Sandböden sind natürlich auch sehr dankbar für jegliche Zufuhr von organischer Substanz, vor allen Dingen als Kompost. Kompost kann in beliebiger Menge in diese Böden eingebracht werden, da sie in der Lage sind, die-

ses Material sehr schnell zu verarbeiten. Außerdem empfiehlt sich bei solchen Böden eine ständige Bodenbedeckung, entweder in Form einer lebenden Pflanzendecke mit Hilfe von **Gründüngungspflanzen** oder durch eine **Mulchschicht** (siehe »Gründüngung«, Seite 111, und »Mulchen«, Seite 106).

Hygromull Es hat für die Verbesserung der Wasserhaltekraft leichter Böden eine große Bedeutung. Dabei handelt es sich um ein Produkt auf Basis von Harnstoff-Formaldehydharz, bestehend aus Schaumstoff-Flocken mit sehr feinen Poren. Die Flocken sind etwa 4–12 mm groß und können ungefähr 60–70% Wasser speichern. Da der Abbau von Hygromull pro Jahr nur

Verschiedene Bodenarten

etwa mit 5% erfolgt, können Sie sich vorstellen, wie lange Sie mit einer solchen Bodenverbesserung auskommen. Mit dem Einbringen von Hygromull haben Sie noch einen anderen Vorteil, da das Material zu 30% aus Stickstoff besteht: Bei der genannten Abbaurate von 5% pro Jahr wird aus diesem Hygromull außerdem jährlich 1,5% Stickstoff freigesetzt.

Das Material hat allerdings den Nachteil, daß es einmal nicht sehr billig ist und zum anderen nur bei absolut windstillem Wetter ausgebracht werden kann, da sonst die ganze Nachbarschaft mit diesen Schaumstoff-Flocken übersät wird. Wenn Sie es anwenden wollen, müssen Sie mit 2–4 m³ Hygromull auf 100 m² rechnen.

Nettolin Hierbei handelt es sich um einen Torf-Humus-Dünger. Er ist besonders für die Verbesserung leichter Böden geeignet. Die Abbaubarkeit des Torfes wurde dadurch verbessert, daß er vor der Verarbeitung kompostiert wurde. Der Dünger ist mit 3% Stickstoff, 3% Phosphor und 4% Kali angereichert. Dadurch ist er besonders geeignet, im Zusammenhang mit rein organischen Düngern verwendet zu werden, da diese rein organischen Dünger, wie z. B. Oscorna, kein Kali enthalten. Durch die Kombination von Nettolin mit einem solchen Naturdünger verbessere ich also die Wirkung beider Produkte. Das gilt auch für Produkte wie Supermano-

ral oder Humobil, die allerdings fast gar keine Nährstoffe enthalten und aus Torf bestehen, der vor der Verarbeitung nicht kompostiert wurde.

Mittlere Böden

Diese Böden liegen in ihrer Nutzungsmöglichkeit für die Pflanzenproduktion und ihrer Bearbeitbarkeit zwischen den leichten Sandböden und den schweren Tonböden. Ein typischer Vertreter des mittleren Bodens ist der **Lößboden,** der in Mitteleuropa ungefähr zu 10–25% aus Ton, zu 70–80% aus Schluff (einem Mittelding zwischen Sand und Ton) und zu geringen Teilen aus Fein- und Mittelsand besteht. Wir finden diese mittleren Lößböden in einer breiten Zone vor den deutschen Mittelgebirgen, besonders in Schlesien und im Rhein-, Elbe- und Donautal, wo große Mengen dieses vom Wind verwehten Materials abgelagert sind. Die Mächtigkeit dieser Ablagerungen schwankt in Deutschland von wenigen Zentimetern bis zu einer Schicht von 30 m im Oberrhein-Gebiet.

Ferner liegt in Mitteleuropa in weiten Teilen der höheren Lagen, bis etwa zu 600 m über N.N., ein dünner Lößschleier. Besonders große Mächtigkeit hat dieser Löß in Rußland, China und Amerika, wo große Flächen damit bedeckt sind. In China gibt es sogar Schichten, die

Verschiedene Bodenarten

stärker als 100 m sind. Aus den Lößablagerungen haben sich im Laufe der Zeit die fruchtbarsten Böden, z. B. die Schwarzerden, entwickkelt.

Bei der Beurteilung der **Verbesserungsmöglichkeit** eines solchen Bodens kommt es sehr darauf an, ob dieser mittlere Boden mehr zum Sand hin neigt oder mehr zu einem schweren Boden. Je nachdem, wie die Beurteilung ausfällt, muß sich auch die Bodenpflegemaßnahme daran orientieren, so daß es hier sehr schwer ist, einige Aussagen über diese Böden zu machen.

Mittlere Böden sind im Idealfall problemlos zu bearbeiten und bilden für jede Art von Gartennutzung ideale Standorte.

Wohl dem, der einen solchen Boden in seinem Garten hat.

Da also die Bodenverbesserung bei solchen Böden zwischen dem, was für leichte Böden gilt, und dem, was für schwere Böden gilt, liegt, wollen wir uns daher jetzt gleich der dritten Bodenart zuwenden.

Schwere Böden

Diese Böden sind gekennzeichnet durch einen hohen **Ton- oder Lehmanteil**. Das Hauptproblem ihrer Strukturverbesserung liegt darin, daß man versuchen muß, auf solchen Böden eine ideale Krümel-

struktur zu erreichen. Dies ist vor allem in Hinblick auf die Wasserdurchlässigkeit solcher Böden von großer Bedeutung.

Schwere Böden sind von Natur aus immer durch Verdichtung gefährdet.

Obwohl unsere Pflanzen durchaus in der Lage sind, mit ihren Wurzeln große Tiefen zu erreichen und auch große Schwierigkeiten im Boden zu überwinden, kommt es bei einer Bodenverdichtung stets zu einer ganz erheblichen Behinderung des Wachstums unserer Pflanzen. Über die negativen Folgen der Verdichtung siehe Tabelle Seite 42.

Während es den leichten Böden, den Sandböden, an feinen Tonteilchen fehlt, leiden schwere Böden, die Tonböden, an einem Mangel an groben Partikeln.

Wir müssen also bei der Verbesserung eines schweren Bodens genau umgekehrt verfahren als bei einem leichten Boden.

Sandzusatz Schwere Böden werden auch häufig als fette Böden bezeichnet. Man spricht daher bei der Zufuhr von gröberen Teilchen auch von einer »Vermagerung«. Das erreicht man am besten durch die Zufuhr von Sand. Dabei sollte bei der Verbesserung des Gartenbodens die Körnung 0/3 verwendet werden, die als Bausand überall leicht zu erhalten ist.

Styromull Auf schweren Böden hat sich der Einsatz dieses Schaumstoffes bewährt. Dadurch wird der Boden aufgelockert, was auf solchen Böden bereits eine große Verbesserung bedeutet. Styromull besteht aus Polystyrol-Schaumstoff, der auch als Styropor bekannt ist und gerne zur Verpackung empfindlicher Maschinen und Geräte verwendet wird. Das Material Styromull ist aufgeschäumt. Die Zellen sind mit Luft gefüllt und nehmen keine Feuchtigkeit auf. Daher wird das Material im Inneren nicht feucht und geht auch mit dem Boden keine chemische Reaktion ein. Es ist verrottungsfest.

Die Styromull-Flocken sind etwa 4–12 mm groß. Eine Zugabe zu schwerem Boden verbessert die Wasserdurchlässigkeit und die Durchlüftung recht beachtlich. Man benötigt für 100 m² ca. 1–2 m³ (Kubikmeter) von diesem Material. Durch die Zufuhr leicht abbaubarer organischer Substanz fördern wir das Bodenleben. Dabei ist auf schweren Böden besonders der **Regenwurm** wichtig. Er ist in der Lage, mit seinen Röhren, die er metertief in den Boden bohrt, entscheidend zur Ableitung des überschüssigen Wassers beizutragen.

Organische Substanz Gerade die fehlende Wasserdurchlässigkeit führt auf schweren Böden immer dazu, daß es nach einem Regenguß

Regenwurmgänge werden gerne von Pflanzenwurzeln durchwachsen.

Am Walderdegeruch erkennt der Fachmann den Zustand des Bodens.

sehr lange dauert, bis das Wasser entweder verdunstet oder aber in den Boden eingedrungen ist. Aus diesem Grunde ist für die schweren

Verschiedene Bodenarten

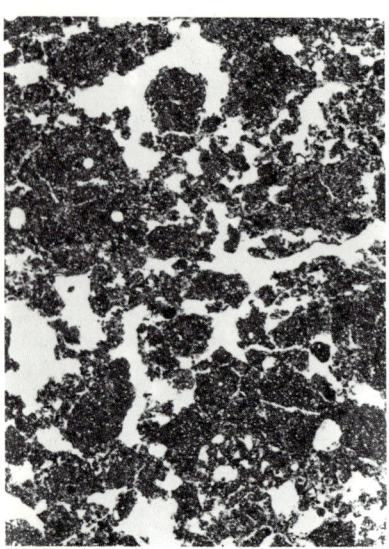

Locker gelagerter, unverdichteter Boden mit viel Luft (weiße Stellen).

Verdichteter Boden, wenig Luft.

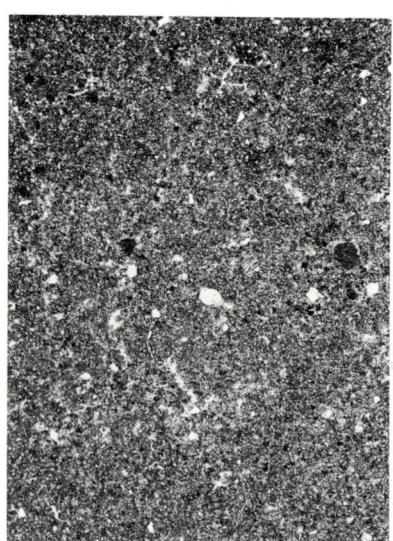

Negative Auswirkungen von Bodenverdichtungen
(verändert nach Altemüller)

Das Wurzelwachstum
ist gehemmt, vor allem bei Knollen- und Wurzelfrüchten (z. B. Sellerie, Möhren, Kartoffeln, Schwarz- wurzeln).

Die Nährstoffe
sind schlechter verfügbar im Boden.

Die Keimung
der Pflanzen ist schlechter, beson- ders bei feuchten Bedingungen.

Der Wasserhaushalt
ist gestört. Es bildet sich Stau- nässe; der Luftgehalt des Bodens ist geringer; das Wasser kann nicht in den Boden eindringen. Dadurch kommt es zum Wasserabfluß an der Oberfläche, dabei wird wertvol- ler Boden abgeschlämmt. Die Ero- sionsgefahr steigt.

Die Temperatur
im Boden steigt im Frühjahr lang- samer an.

Ergebnis
Der Ertrag auf einem verdichteten Boden ist geringer.

Verschiedene Bodenarten

Böden die ständige Zufuhr von leicht abbaubarer organischer Substanz besonders wichtig.

Bei schweren Böden ist bei der Zugabe von **zu viel** noch nicht ganz verrotteter organischer Substanz Vorsicht geboten, da eine zu starke Lockerung auch auf schweren Böden nachteilig wirken kann.

Durchlüftung Auch dafür sind die Regenwurmgänge wichtig. Die Pflanzenwurzeln, und vor allen Dingen die Bodenlebewesen, atmen Sauerstoff (O_2) ein und Kohlendioxyd (CO_2) aus. Wenn es nun nicht zu einer genügenden Durchlüftung des Bodens kommt, steigt die CO_2-Konzentration zu stark an, und es kommt zu Erstickungen. Auch für andere chemische und biologische Vorgänge im Boden wird Sauerstoff benötigt, der durch eine ungenügende Durchlüftung des Bodens nicht zur Verfügung steht.

Gips Auf schweren Böden kann auch eine Gipsdüngung angebracht sein. Gips verbessert den Kalziumzustand des Bodens, ohne einen Einfluß auf den pH-Wert auszuüben. Damit fördert er die Zusammenlagerung der Tonteilchen, die Flockung.

Grundsätzlich gilt:
Humusstoffe aller Art, das heißt, Gründüngungspflanzen, organische Dünger, Pferdemist mit reichlich Stroh, Kompost, Rindermist mit viel Einstreu, Schaf-, Ziegen-, Kaninchen- und Taubenmist können auf schweren Böden als Humusstoffe die Bodenstruktur ganz entscheidend verbessern (siehe auch Seite 64).

Die Bedeutung von Kalk für den gesunden Gartenboden.

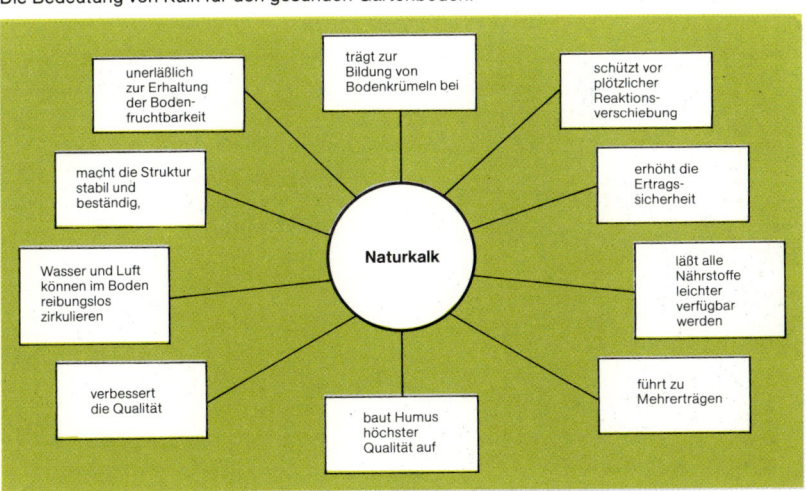

unerläßlich zur Erhaltung der Bodenfruchtbarkeit

trägt zur Bildung von Bodenkrümeln bei

schützt vor plötzlicher Reaktionsverschiebung

macht die Struktur stabil und beständig,

erhöht die Ertragssicherheit

Naturkalk

Wasser und Luft können im Boden reibungslos zirkulieren

läßt alle Nährstoffe leichter verfügbar werden

verbessert die Qualität

führt zu Mehrerträgen

baut Humus höchster Qualität auf

Bodenbestandteile

Alle Böden bestehen im wesentlichen aus vier Bestandteilen. Das sind:

- die mineralischen Bestandteile,
- die organischen Bestandteile,
- das Bodenwasser und
- die Bodenluft.

Mineralische Bestandteile

Die mineralischen Bestandteile eines Bodens sind abhängig vom Ausgangsgestein und vom Verwitterungsgrad dieses Ausgangsgesteins. Die Anteile dieser verschiedenen Minerale können von Boden zu Boden stark schwanken. Trotz dieser großen Unterschiede im Mineralbestand lassen sich deutliche Gesetzmäßigkeiten hinsichtlich des Gehalts an verschiedenen Mineralen bei den verschiedenen Bodenarten (Sandböden, schwere Böden und mittlere Böden) feststellen. So enthalten z. B. Sande hauptsächlich die Ursprungsminerale Quarz und Silikat, während Tone zum größten Teil aus den neugebildeten Tonmineralen bestehen.

Hoher Sandanteil ist das Kennzeichen eines leichten Bodens (siehe auch Seite 37). Er hat ein geringes Wasserhaltevermögen aber eine intensive Durchlüftung. Sein Gehalt an Nährstoffen ist meistens gering, und er hat auch eine geringe Fähigkeit, die dem Boden zugegeben und in Lösung gegangenen Nährstoffe festzuhalten. Er ist allerdings für die Pflanzen gut durchwurzelbar und auch leicht zu bearbeiten.

Hoher Tonanteil ist das Kennzeichen für einen schweren Boden (siehe auch Seite 40). Er hat ein hohes Wasserhaltevermögen und ist schlecht durchlüftet. Solche Böden haben jedoch meistens hohe Nährstoffgehalte und auch eine gute Fähigkeit, die dem Boden zugegebenen und in Lösung gegangenen Nährstoffe festzuhalten. Schwere Böden sind schlecht zu durchwurzeln und schwer zu bearbeiten.

Mittlere Böden nehmen wie immer eine Mittelstellung zwischen den Sand- und Tonböden ein (siehe auch Seite 39).

Dieser unterschiedliche Mineralgehalt der Böden ist auch verantwortlich für die Verteilung der verschiedenen Poren im Boden. Diese Bodenporen werden in drei große Gruppen eingeteilt:

Grobporen   Sie ermöglichen die schnelle Aufnahme des Wassers bei starkem Regen und sind für das Versickern des überschüssigen Wassers in den Untergrund zuständig. Vorherrschend in leichten Böden.

Mittlere Poren   Sie speichern das Wasser, so daß es für die Pflanzen zur Verfügung stehen kann und nicht so leicht in den Untergrund abgeleitet wird. Sie sind auf mittleren Böden vorherrschend.

Feinporen   Sie halten das Wasser mit einer solchen Kraft fest, daß es

Bodenbestandteile

selbst für die Pflanzen nicht verfügbar ist. Sie sind auf schweren Böden vorherrschend und führen dazu, daß solche Böden leicht verschlämmen.

Organische Bestandteile

Die organischen Bestandteile eines Bodens bilden den **Bodenkörper.** Gemeinsam mit den mineralischen Bestandteilen bilden sie die feste **Bodensubstanz.** Die organischen Bestandteile sind wichtig für die Verteilung der Poren in den Böden, sie sind die einzige Stickstoffquelle des Bodens und außerdem der Lieferant für weitere Pflanzennährstoffe, vor allen Dingen Schwefel und Phosphor. Sie beeinflussen ganz entscheidend den Wasser-,

Gute Krümelstruktur durch Regenwürmer.

Luft- und Wärmehaushalt eines Bodens und sind damit ursächlich verantwortlich für die Bodenfruchtbarkeit.

Zur organischen Bodensubstanz gehören die lebenden Organismen des Bodens, das sogenannte **Edaphon.** Ferner die lebenden Pflanzenwurzeln sowie abgestorbene, bereits mehr oder weniger stark zersetzte, umgeformte oder auch neugebildete Substanzen, die von Pflanzen oder Tieren herkommen können.

Aus den kleineren Pflanzenwurzeln und den oberirdisch anfallenden Teilen der Pflanzen, die wir auch als Streu bezeichnen, bildet sich nun das, was wir **Humus** nennen.

Als Humus bezeichnen wir die Gesamtheit der **abgestorbenen** organischen Bodensubstanz, während wir die **lebenden** Organismen des Bodens, das Edaphon, nicht zum Humus zählen.

Die organische Bodensubstanz wird durch die von den grünen Pflanzen durch Fotosynthese stets neu hergestellten Wurzeln und oberirdischen Pflanzenorgane immer wieder neu gebildet. Sie kommen als Abfall der Bäume und Sträucher in Form von Blättern, Nadeln und Zweigen, als Rückstände der Kräuter und Gräser und als Ernterückstände der Kulturpflanzen in Form von z. B. Kartoffelkraut auf und in den Boden. Ferner muß noch dazu

Bodenbestandteile

Asseln zerkleinern mit ihren Beißwerkzeugen Blätter und Äste.

gerechnet werden, daß ja auch die im Boden lebenden Organismen nicht unbegrenzt lebensfähig sind. Sie sterben ab und gehören dann mit ihren Leichen ebenfalls zur organischen Ausgangssubstanz. Ferner gehört natürlich das durch den Menschen zugegebene Material dazu, wie z. B. Stallmist, Kompost oder Gründüngung.

Alles das, was auf den Boden fällt, muß im Laufe der Zeit dort wieder verarbeitet werden. Die Pflanze nimmt aus dem Boden Nährstoffe auf und speichert sie in ihren oberirdischen und unterirdischen Organen. Stirbt die Pflanze ab, wird ein Großteil der Nährstoffe durch die Bodenlebewesen wieder freigesetzt.

Diesen Prozeß der Umwandlung bezeichnen wir auch als Verwesung.

Verwesung Hier unterscheiden wir zwei ganz große Vorgänge, und zwar einmal eine Verwesung mit Luft und eine Verwesung ohne Luft. Die **Verwesung ohne Luft** muß unbedingt vermieden werden, da es dabei zur Bildung von giftigen Stoffen, wie z. B. Methan, kommt. Ein solcher Boden riecht nach Schwefelwasserstoff bzw. nach faulen Eiern. Er ist kenntlich an blauschwarzen Verfärbungen. Man nennt diese Verfärbungen auch Reduktionszonen. Sie werden hervorgerufen durch Bodenverdichtung. Bei der **Verwesung mit Luft** kommt es zuerst zu einer chemischen Umsetzung des Materials, anschlie-

Bodenbestandteile

ßend wird das bereits aufgelöste und halb zersetzte Material durch die verschiedenen Bodenlebewesen immer weiter zerkleinert, durch Zerbeißen, Zernagen und zum Teil durch völlige Aufnahme in den Tierkörper und wiederum durch das Ausscheiden als Kot. Dabei leben die kleinsten Tiere von den nächst größeren und diese wiederum von den nächst größeren. Die Artenvielfalt der Lebewesen im Boden ist sehr groß und umfangreich, und es würde hier viel zu weit führen, sie ausführlich darzustellen. Zu den Bodenlebewesen gehören die Regenwürmer, die Asseln, Springschwänze, Bakterien und eine große Zahl Pilze.

Bei dem sich bildenden Humus unterscheiden wir zwei Arten, und zwar Nährhumus und Dauerhumus.

Nährhumus Hier handelt es sich um leicht umsetzbare Stoffe, wie z. B. den Bestandsabfall der Pflanzen, der Blätter, Zweige, Nadeln. Auch die zugegebenen organischen Dünger zählen dazu.

Diese Stoffe werden von den Kleinlebewesen des Bodens verarbeitet.

Sich zersetzendes Laub, als Nährhumus Nahrungsgrundlage für Kleinlebewesen.

Der Tau ist für Pflanze und Boden wichtig.

Diesen Vorgang nennt man **Minera-lisation.** Bei diesem Vorgang entsteht CO_2, außerdem werden die in den Ausgangssubstanzen enthaltenen Nährstoffe wie Stickstoff, Phosphor, Kali usw., freigesetzt.

Dauerhumus Dabei handelt es sich um nur noch sehr schwer von den Kleinlebewesen umzusetzende Stoffe, die im Boden für die Wasserhaltekraft, das Festhaltevermögen für die auf den Boden gegebenen und in Lösung übergegangenen Nährstoffe und für die Durchlüftung des Bodens zuständig sind. Der Dauerhumus entsteht nach dem Nährhumus.

Bodenwasser

Das Bodenwasser entstammt hauptsächlich den Niederschlägen, die in Form von Regen oder Tau auf den Boden fallen. Das Bodenwasser ist die Voraussetzung für Prozesse wie Verwitterung, Humusanreicherung und auch für die Verlagerung von Nährstoffen in den Untergrund. Bei sehr starken Niederschlagsmengen und großer Häufigkeit der Niederschläge, bei bestimmten Hangneigungen und bei eingeschränkter Wasseraufnahmekapazität und geringer Durchlässigkeit eines Bodens kommt es zur Bildung von sogenanntem **Oberflächenwasser.** Dieses Wasser wird in Gräben, Bäche und Flüsse abgeleitet und fließt dann in das Meer.

Das in den Boden eindringende Wasser bleibt im Boden nun als **Haftwasser** oder läuft durch den Boden hindurch als sogenanntes **Sickerwasser** und reichert damit den Grundwasserhorizont an. Bodenwasser kann jedoch nicht nur von oben nach unten in den Boden eindringen, sondern kommt auch aus dem Boden durch haarfeine Risse, die Kapillare, wieder heraus. Es ist das **Kapilarwasser.**

49

Bodenbestandteile

Bodenluft

Die Bodenluft ist die Voraussetzung für die Atmung der Pflanzen, Wurzeln und der Mikroorganismen. Wenn nicht genügend Luft im Boden ist, sterben Pflanzen und Tiere ab, es kommt zu Luftabschluß, zur Bildung von giftigen Substanzen. Ein solcher Boden kann unter Umständen einen Geruch wie nach schwefeligen Eiern annehmen. Er ist gekennzeichnet durch blauschwarze Verfärbungen.
Der Sauerstoff der Bodenluft ist an einer großen Zahl von chemischen Umwandlungen im Boden beteiligt. Die Luft steht gewissermaßen im Gegensatz zum Bodenwasser. Das gesamte Porenvolumen, die bereits erwähnten Grob-, Mittel- und Feinporen (siehe auch Seite 45) sind nämlich aufgeteilt in ein bestimmtes Wasser- und Luftvolumen.

Je mehr Wasser in einem Boden ist, desto geringer wird der Luftgehalt.

Bezogen auf das Porenvolumen hat z. B. ein leichter Boden ca. 40% Luft, ein mittlerer Boden ca. 20% und ein schwerer Boden ca. 10%. Die Pflanzenwurzeln und Bodenorganismen verbrauchen Sauerstoff und produzieren Kohlendioxyd. Die Zusammensetzung der Bodenluft weicht daher von der atmosphärischen Luft ab. Vor allen Dingen auf der Oberfläche eines Bodens ist der Kohlendioxydgehalt ungefähr 10mal größer als in der Atmosphäre. Diese Wechselwirkung zwischen der Bodenluft und der Atmosphäre bezeichnen wir auch als Gasaustausch. Wenn dieser Gasaustausch behindert wird, kann es zu einer Konzentration von Kohlendioxyd (CO_2) kommen. Damit wird die Lebensfähigkeit der Bodenorganismen und der Pflanzen beeinträchtigt. Wenn durch Eindringen des Wassers Bodenluft aus dem Boden verdrängt wird, so bezeichnen wir diesen Vorgang als Bodenatmung. In schlecht belüfteten Böden kann es zur Bildung von Schwefelwasserstoff und Methan kommen, erkennbar am Geruch nach faulen Eiern.

Total verdichteter Boden.

Bodenbestandteile

Alle Maßnahmen der Bodenpflege und Düngung zielen darauf ab, zu einer möglichst gleichmäßigen Verteilung der organischen mineralischen Bestandteile und des Bodenwassers und der Bodenluft zu kommen.

Aus dem bisher Gesagten wird deutlich, daß die gute Bewirtschaftung eines Gartens durchaus etwas Nachdenken erfordert. Dies wird jedoch durch Freude an Blumen und Pflanzen aller Art gelohnt.

Das Saatbett ist vorbereitet, der Boden ungeschützt gegen Regen, Sonne und Wind.

Düngemittel

Was sind Düngemittel?

Der Verkauf und die Bezeichnung der Düngemittel ist in Deutschland durch ein Gesetz geregelt. Das ist das **Düngemittelgesetz.** In diesem Gesetz finden wir auch die Erklärung, was ein Düngemittel ist. Es heißt dort:

»Düngemittel sind Stoffe, die dazu bestimmt sind, unmittelbar oder mittelbar Nutzpflanzen zugeführt zu werden, um ihr Wachstum zu fördern, ihren Ertrag zu erhöhen oder ihre Qualität zu verbessern«.

Das Wort Dünger stammt aus dem Althochdeutschen »Tung«. Darunter verstand man eine Vorratsgrube, die gegen Kälte mit Stallmist bedeckt wurde. Aus diesem Wort »Tung« entwickelte sich das Wort »Tungen«, was »bedecken« bedeutete, und durch Sprachverschiebung wurde aus diesem Wort später »Dung«, was uns noch in dem Wort »Dünger« wiederbegegnet. Darunter verstand man etwas, was den Boden bedeckte. Heute bezeichnen wir Dünger aber nicht nur als etwas, was den Boden bedeckt, sondern auch als Stoff, der dem Boden zugeführt wird, um ihn zu verbessern.

Welche Düngemittel gibt es?

Die Düngemittel kann man nach verschiedenen Ordnungsprinzipien einteilen. Wir unterscheiden nach
- Entstehung,
- Herkunft,
- Art und Schnelligkeit der Wirkung,
- chemischer Verbindung,
- Anzahl der Nährelemente,
- Mengenbedarf der Pflanze,
- äußerer Form und
- Einteilung nach dem deutschen Düngemittelgesetz.

Entstehung
Wenn wir sie nach der Art ihrer Entstehung einordnen, so haben wir zwei große Gruppen, und zwar
- natürliche Dünger oder Naturdünger und
- künstliche Dünger oder Kunstdünger bzw. Mineraldünger, wie sie korrekterweise genannt werden sollten.

Naturdünger   Die hierzu gehörenden Stoffe sind auf natürliche Weise entstanden und werden ohne große Aufbereitung so verwendet wie sie anfallen, wie z. B. Stallmist, Laubstreu, Schlamm, Horn, Kalk, Mergel und Rohphosphat.

Künstliche Dünger   Sie werden durch die chemische Veränderung von Naturprodukten in Fabriken hergestellt oder sogar künstlich (synthetisch) aus einer Reihe von einfachen Ausgangsstoffen in der Chemie produziert. Dies ist z. B. bei den meisten Stickstoffdüngern der Fall.

Düngemittel

Abbau von Rohphosphat im Tagebau in Nordafrika.

Herkunft

Wenn wir die Düngemittel nach ihrer Herkunft unterscheiden, so teilen wir sie ein in Handelsdünger und Wirtschaftsdünger.

Handelsdünger   Das sind Düngemittel, die im Handel verkauft werden und dem Düngemittelgesetz unterliegen.

Wirtschaftsdünger   Sie stammen aus dem landwirtschaftlichen Bereich. Als Beispiel sei hier der Stallmist, die Gülle, Kompost, Stroh und Mergel aus dem Untergrund der eigenen Felder genannt.

Art der Wirkung

Schließlich können wir die Dünger auch nach der Art ihrer Wirkung unterteilen. Dabei unterscheiden wir direkt wirkende Dünger, sogenannte Pflanzendünger, und indirekt wirkende Dünger, sogenannte Bodendünger.

Pflanzendünger   Sie enthalten wesentliche Anteile an Pflanzennährstoffen und versorgen damit die Pflanzen direkt. Dazu gehören die meisten Stickstoff-, Phosphor- und Kalidünger. Aber auch die Jauche und die Gülle aus dem landwirtschaftlichen Betrieb, die sehr direkt auf die Pflanze wirkt, muß dazu gezählt werden.

Bodendünger   Sie verbessern in erster Linie den Boden, ohne direkt auf die Pflanze einzuwirken. Sie haben zwar außerdem eine gewisse Bedeutung als Nährstoffquelle, sind in erster Linie jedoch zur Verbesserung des Kultursubstrats gedacht. Als Beispiel seien hier Kalk, Torf und Stroh genannt.

Schnelligkeit der Wirkung

Schließlich können wir die Dünger auch noch nach der Schnelligkeit ihrer Wirkung unterteilen, und zwar in

Hörner und Hufe sind die Grundlage für (v. l. n. r.) Hornspäne, Horngries, Hornmehl.

schnell wirkende und in langsam wirkende Dünger.

Schnell wirkende Dünger Sie stellen die in ihnen enthaltenen Nährstoffe den Pflanzen sofort zur Verfügung. Dazu gehören alle wasserlöslichen Dünger, Stickstoff- und Kalidünger.

Langsam wirkende Dünger Sie wirken erst nach einer Umsetzung im Boden, und dazu gehören z. B.

alle Düngemittel, die aus Hornmehl, Knochenmehl, Blutmehl, Tierkörpermehl, Federn, Schweineborsten und sonstigen Abfallstoffen vom Tier bestehen. Sie müssen erst im Boden von den Kleinlebewesen verarbeitet werden. Erst der Kot dieser Kleinlebewesen enthält dann die in den Ausgangsstoffen enthaltenen Nährstoffe in pflanzenverfügbarer Ionenform.

Düngemittel

Chemische Verbindung
Wir können die Dünger auch noch einteilen nach der Art der chemischen Verbindung, in der sie dargeboten werden.

Organische Dünger Es handelt sich hier meistens um Gemische vieler organischer Verbindungen, wie sie z. B. in Stallmist, Horn-, Knochen- und Blutmehl enthalten sind.

Mineraldünger Sie bestehen entweder aus einzelnen oder mehreren Verbindungen. Sie enthalten, wie der Name schon sagt, mineralische Nährstoffe, die entweder direkt auf die Pflanze einwirken oder ihre Nährstoffe erst nach einer gewissen Umsetzung im Boden freigeben. Für letztere Art der Dünger hat sich auch der Name **Depotdünger** eingebürgert.

Nährelemente
Schließlich kennen wir noch die Einteilung nach der Anzahl der Nährelemente. Wir unterscheiden Einzeldünger und Mehrnährstoffdünger.

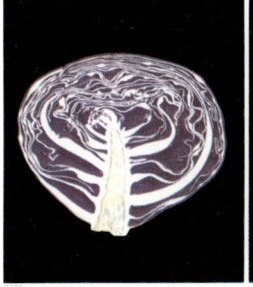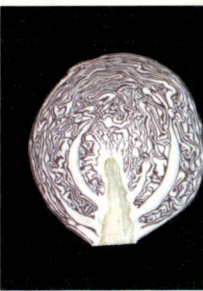

Kali wirkt auf die Zellfestigkeit.

Einzeldünger Dies sind Düngemittel, die nur einen Nährstoff oder nur ein wesentliches Nährstoffelement enthalten, wie z. B. die Stickstoffdünger.

Mehrnährstoffdünger Dies sind nun Düngemittel mit mehreren Nährstoffen, wobei zwei bis sechs verschiedene Hauptnährelemente miteinader kombiniert werden. Diese Dünger bezeichnen wir auch mit dem Begriff **Volldünger,** da sie

Gute Düngung – gesunde Pflanzen.
Ohne Düngung – kleine Pflanzen.

Düngemittel

Nährstoffgehalt und Wirkung verschiedener Düngemittel

Düngemitteltyp und Handelsname	Gehalt an Nährstoffen in %						
	Stick-stoff N	Phos-phor P_2O_5	Kali K_2O	Magne-sium MgO	Kalk CaO	Sili-zium SiO_2	Spuren-elemente
Organische Dünger							
Hornspäne	14	0	0	0	6	0	arm
Hornmehl	10–14	0	0	0	6	0	arm
Blutmehl	12–13	0	0,8	0	0	0	reich
Knochenmehl	1	30	0	0	8–10	0	mittel
Oscorna-Animalin	6	9	1	0	8–10	0	mittel
Oscorna-Universal	6	6	1	0	8–10	0	mittel
Oscornahum	ca. 3	ca. 3	ca. 1	0	10	0	gering
Knochenmehl gedämpft	5	20	0	0	8–10	0	mittel
Hornoska organisch	6	6	0	0	8–10	0	mittel
Mannahum	ca. 13	ca. 3	ca. 2	0	6	0	gering
Blitol-Natürdünger	5	5	0	0	8–10	0	gering
Donatus	10	5	0	4	8–10	0	mittel
Guano-Vogelmist	7	11	2,5	1	12	0	reich
Organisch-mineralische Dünger							
Hornamon Spezial	8	7	10	1,5	ca. 6	0	reich
Hornoska Spezial	8	7	10	1,5	ca. 6	0	reich
Manna Spezial	7	7	9	1	ca. 6	0	reich
Cornamon C6	4	5	1	2	ca. 6	0	reich
Mineraldünger							
Thomasmehl	0	16–20	0	1–4	45–50	0	reich
Kalimagnesia	0	0	30	10	0	0	arm
Kalkstickstoff	ca. 22	0	0	0	55	0	arm
Blaukorn	8	8	8	0	0	0	mittel
Bodenverbesserer							
Algenkalk	0	0	0	10	80	0	reich
Balsaltmehl	0	0,9	0,5–1	3–4	1	0	reich
Bentonit-Tonmehl	0	0	2	4	4	56	sehr reich
Ökoland-Mineralmehl	0	0	0	ca. 54	ca. 45	0	reich
Verschiedene Torfe	0–2	0–2	0–2	0	0	0	arm
Nettolin	3	3	4	0	0	0	arm

Diese Zusammenstellung der Düngemittel erhebt keinen Anspruch auf Vollständigkeit.

Einfluß auf pH-Wert	Wie oft im Jahr düngen?	Für welche Pflanzen geeignet?	Düngewirkung im 1./2./3. Jahr in %	Hinweise und Bemerkungen
neutral	1–2mal	für alle Pflanzen	50/30/20	Depotdünger, altbewährt
neutral	3–4mal	für alle Pflanzen	100 im 1. Jahr	wirkt sehr schnell
neutral	3–4mal	für alle Pflanzen	100 im 1. Jahr	in Wasser auflösen
alkalisch	3–4mal	für Blütenpflanzen	100 im 1. Jahr	wirkt schnell
neutral	3–4mal	Gemüse, Rosen	80/20/0	frei von chromhaltigen Leder- und Hautmehlen bzw. Horn-Knochen-Blutmehl
neutral	3–4mal	Gemüse, Obst	80/20/0	
neutral	6–8mal	als Humusbildner	100 im 1. Jahr	
alkalisch	3–4mal	für Blütenpflanzen	100 im 1. Jahr	klumpt leicht
neutral	3–4mal	für alle Pflanzen	100 im 1. Jahr	Horn- und Knochenmehl
neutral	6–8mal	Humusdünger	100 im 1. Jahr	Stallmist
neutral	5–6mal	Humusdünger	100 im 1. Jahr	Hühnerkot und Zusätze
neutral	3–4mal	Humusdünger	100 im 1. Jahr	in Reformhäusern
neutral	3–4mal	für alle Pflanzen	100 im 1. Jahr	wirkt schnell
neutral	3–4mal	Gehölze	80/20/0	$2/3$ dieser Dünger sollten im Herbst und $1/3$ im Frühjahr gegeben werden
neutral	3–4mal	Gehölze	80/20/0	
neutral	3–4mal	Gehölze	80/20/0	
neutral	6–8mal	für alle Pflanzen	100 im 1. Jahr	
alkalisch	2mal	Blütenpflanzen	80/20/0	Schwermetall
sauer	2mal	leichte Böden	100 im 1. Jahr	bei Vergilbungen
alkalisch	1mal	bei Verunkrautung	40–80/20–60/0	Vorsicht, Gift!
alkalisch	2mal	nicht b. Moorbeetpfl.	40–80/20–60/0	stark wässern
alkalisch	das ganze jahr über etwas auf den Boden geben	nicht zu Moorbeetpflanzen geben	45/35/20	auf Kochsalz-Gehalt achten
alkalisch				gut in den Boden einarbeiten, sonst Verkrustungen!
alkalisch				
alkalisch				
sauer	2mal	Moorbeetpflanzen	keinen Dünger!	Nicht austrocknen lassen
neutral-sauer	2mal	leichte Böden	100 im 1. Jahr	gut einwässern

Düngemittel

meistens Stickstoff, Phosphor, Kali, also die drei Grundelemente der Pflanzenernährung enthalten.

Mengenbedarf
Bezogen auf den Mengenbedarf der Pflanze unterscheiden wir nun

Organischer Dünger und Stickstoff.

Ohne Stickstoffdünger Kümmerwachstum.

Volldünger und Stallmist.

Hauptnährstoffdünger und Spurennährstoffdünger.

Hauptnährstoffdünger Sie enthalten die wesentlichsten Hauptnährstoffe der Pflanze und können bei Bedarf den Pflanzen in größeren Mengen zugeführt werden.

Spurennährstoffdünger Sie enthalten sowohl nur ein Spurenelement als auch Kombinationen von mehreren Spurenelementen. Mangandünger, Kupferdünger, Eisendünger und Borax sind Beispiele.

Äußere Form
Schließlich kann man auch noch nach der äußeren Form der Düngemittel unterteilen, und zwar in **feste** Dünger, **flüssige** Dünger und in **gasförmige** Dünger (z. B. Ammoniakgas).

Deutsches Düngemittelgesetz
Das Gesetz teilt die auf dem Markt angebotenen Düngemittel in vier große Gruppen ein:
- Mineralische Einzeldünger,
- Mineralische Mehrnährstoffdünger,
- Organische und organisch-mineralische Düngemittel,
- Düngemittel mit Spurennährstoffen.

Ferner kennt das Gesetz noch den Begriff der **Natur- und Hilfsstoffe,** die wie folgt unterteilt werden:
- Wirtschaftsdünger,
- Bodenhilfsstoffe (z. B. Gesteinsmehl),

Düngemittel

- Kultursubstrat, das sind z. B. spezielle gärtnerische Erden,
- Pflanzenhilfsmittel, das sind Stoffe ohne Nährstoffwirkung, die aber eine positive Einwirkung auf Pflanzen haben. Dazu gehören z. B. biologische Pflanzenpflegemittel.

Tomate rechts: Kalimangel.

Damit haben wir eine Übersicht über die Möglichkeit der Einteilung der verschiedenen Dünger und wollen uns nun im einzelnen mit einigen von ihnen etwas näher beschäftigen.

Düngemittel für den Hausgarten

Es ist sicherlich verständlich, daß nicht alle Düngemittel ausführlich besprochen werden können. Wir konzentrieren uns daher auf diejenigen, die vor allen Dingen für den Hausgarten von Bedeutung sind.

Kali-Magnesia-Mangel bei Weinstöcken.

Mineralische Nährstoffdünger
Die mineralischen Einnährstoff- und Mehrnährstoffdünger sind in zahlreichen verschiedenen Produkten auf dem Markt. Die einzelnen Sorten unterscheiden sich lediglich in ihrem Namen voneinander, da die Ausgangssubstanzen in allen Produkten fast gleich sind. Es empfiehlt sich also bei Einkäufen von mineralischen Düngemitteln, auf den Preis zu achten und eventuell das preisgünstigste Angebot auszuwählen.

Kali-Magnesia-Mangel bei Koniferen.

Düngemittel

Die bekanntesten Dünger sind das Blaukorn, auch Grünkorn, Gelbkorn und Rotkorn sind im Handel im Angebot. Ferner gehören zu dieser Gruppe so bekannte Düngemittel wie Nitrophoska, in dem Stickstoff, Phosphor und Kali enthalten sind, ferner Thomasmehl, Superphosphat, Kalkstickstoff und eine ganze Reihe der verschiedensten Rasendünger, die von zahllosen Herstellern angeboten werden.

Alle diese mineralischen Einnährstoff- oder Mehrnährstoffdünger sollten sparsam und sorgfältig angewendet werden, da es leicht zu einer Überversorgung der Pflanzen kommen kann.

Kalkstickstoff
Bei der Anwendung von Kalkstickstoff, einem 22% Stickstoff enthaltenden Dünger mit gleichzeitiger Wirkung gegen Unkräuter und Schadpilze im Boden, ist Vorsicht angebracht. Das Produkt ist staubfein vermahlen, wird allerdings auch schon gekörnt angeboten. Man sollte bei der Anwendung Handschuhe tragen und darauf achten, daß von diesem Kalkstickstoff nichts auf unbedeckte Körperteile kommt oder sogar der Staub eventuell eingeatmet wird. Vor allen Dingen ist darauf zu achten, daß bei der Ausbringung im Garten möglichst Windstille herrscht. Die gekörnte Ware ist, sofern man Kalkstickstoff verwendet, vorzuziehen.

Kalkstickstoff wird gerne bei übermäßigem Unkrautbefall verwendet.

Es ist ein relativ umweltfreundliches **Unkrautvernichtungsmittel** und sollte im Zweifelsfalle anderen Produkten vorgezogen werden – sofern man überhaupt meint, die Wildkräuter (= »Unkräuter«) vernichten zu müssen, denn auch sie sind im Gar-

Oben ohne und unten mit Stickstoff gedüngtes Gemüse. Grunddüngung organisch, später leicht mineralisch.

Düngemittel

ten wichtig. Obwohl bei der Anwendung von Kalkstickstoff erst einmal alle Bodenlebewesen abgetötet werden, einschließlich der Regenwürmer, kann man es doch mit relativ gutem Gewissen anwenden, da sich die Bodenlebewesen nach der Anwendung von Kalkstickstoff sehr schnell von dieser Giftwirkung erholen. Es kommt sogar nach der Anwendung von diesem Material zu einer intensiven Belebung des Bodenlebens, vor allem der Bakterien.

Organische und organisch-mineralische Dünger

Hierzu gehören nun Produkte, die aus Hornmehl, Knochenmehl, Blutmehl, Tierkörpermehl, Hautmehl, Ledermehl und einigen **Mineraldüngern** zusammengemischt werden.

Organische Dünger   Hier kennen wir auch Einzelnährstoffdünger, wie z. B. reines Hornmehl, reines Blutmehl oder reines Knochenmehl. Im Gegensatz zu den mineralischen Düngern sind diese organischen Dünger nun ausgesprochen langsam wirkend und müssen erst von den Bodenorganismen verarbeitet werden, bevor die in ihnen enthaltenen Nährstoffe freigesetzt werden. Hornmehl und Blutmehl sind stickstoffhaltige Düngemittel. Bei Knochenmehl handelt es sich um phosphathaltige Produkte.

Rein organischer Dünger, frei von chromhaltigen Leder- und Hautmehlen.

Organische Mischdünger enthalten Hornspäne, Horngries, Hornmehl, Knochenmehl, Blutmehl.

Häufig bereitet es Schwierigkeiten, Hornmehl, Knochenmehl und Blutmehl für sich alleine zu beschaffen, da diese Produkte meistens nur in 50 kg-Säcken angeboten werden. Es haben sich daher verschiedene Firmen auf die Herstellung sogenannter **organischer Mischdünger** konzentriert, die aus einem Gemisch aus Hornmehl, Knochenmehl und Blutmehl hergestellt sind. Die bekannteste Firma dieser Art in der Bundesrepublik Deutschland ist das Corna-Werk in Ulm mit seinem Markennamen Oscorna. Dieses Unternehmen dürfte wohl der größte Hersteller rein organischer Mischdünger in der Bundesrepublik Deutschland sein. Leider werden in der Literatur immer nur der Kot und der Harn (Urin) der Haustiere als organische Dünger bezeichnet. Da von

Harn oder Gülle durchaus Gefahren für das Grundwasser ausgehen können, wird häufig auch vor der Anwendung organischer Dünger gewarnt. Dies ist jedoch im Hinblick auf organische Naturdünger auf der Basis Horn–Knochenmehl nicht richtig, da Horn- und Knochenmehle **nicht** wasserlöslich sind und damit nicht ausgewaschen werden.

Organisch-mineralische Dünger
Um nun die langsame und schonende Düngung der organischen Dünger mit der schnellen Wirkung der Mineraldünger zu kombinieren, hat man organisch-mineralische Düngemittel auf den Markt gebracht. Sie sind erkenntlich durch den Zusatz zu einem Markennamen wie 'Min' oder 'Spezial'.

Düngemittel

Verschiedenste orga-
nisch-mineralische
Düngemittel sind auf
dem Markt.

Organisch-minerali-
sche Spezialdünger
für verschiedene
Pflanzengruppen.

63

Düngemittel

Der bekannteste Hersteller dieser Art von organisch-mineralischen Düngemitteln in der Bundesrepublik Deutschland ist die Firma Günther in Fürth mit dem Markennamen Hornoska-Spezial. So wie das Corna-Werk auch organisch-mineralische Düngemittel im Angebot hat, hat die Firma Günther natürlich auch rein organische Dünger im Angebot. Sie haben aber jeweils ihre Schwerpunkte anders gesetzt. Die Firma Günther führt außerdem auch noch leicht lösliche Mineraldünger für Spezialbetriebe, während das Corna-Werk biologische Pflanzenpflegemittel in sein Programm aufgenommen hat.

Es gibt darüber hinaus in dieser Gruppe von Firmen eine ganze Reihe kleinerer, nur regional tätiger, Firmen. Dazu gehört z. B. die Firma Engelhardt in München und die Firma Gerhardt in Solingen. Auch die Mahle-Werke in Heilbronn und das Manna-Werk in Pfäffingen gehören dazu.

Spurennährstoff-Dünger

Die Düngemittel mit Spurennährstoffen spielen beim Hausgarten keine große Rolle, da diese Produkte meistens sehr teuer sind und eigentlich nur bei gärtnerischen Betrieben angewendet werden. Eine gute Möglichkeit, den Gehalt an Spurenelementen im Garten zu decken, ist die Verwendung der verschiedenen Gesteinsmehle. Dafür sind sowohl Tonminerale als auch Basalt- und Granitmehle geeignet (siehe Kapitel »Gesteinsmehle« Seite 120).

Wirtschaftsdünger

Unter Wirtschaftsdüngern verstehen wir den Dünger der verschiedenen Haustiere. Dabei hat sich in den letzten Jahren eine Wandlung vollzogen.

Aufgrund der modernen Tierhaltung werden nämlich unsere Kühe häufig in sogenannten Schwemmentmistungsställen gehalten. Es wird ihnen kein Stroh mehr eingestreut, so daß der Kot nicht mehr mit Stroh durchsetzt ist. Aus diesem Grunde haben die Wirtschaftsdünger aus Rinderhaltungen viel von ihrer Bedeutung als Bodenverbesserungsmittel verloren. Sie sind sogar zu einem Problem für die Abfallbeseitigung geworden.

Wenn man jedoch an **Kuhmist** mit recht viel Stroheinstreu kommen kann, sollte man ihn sich unbedingt für seinen Garten sichern.

Es ist zu beachten, daß Kuhmist niemals in frischem Zustand auf den Boden aufgebracht werden darf.

Das führt ansonsten zwangsläufig dazu, daß die Bodenorganismen den im Boden vorhandenen Stickstoff für die Umwandlung dieses Stallmistes vollkommen für sich brauchen und für die Pflanze nichts mehr zur Verfügung steht. Man

Düngemittel

sollte in einem solchen Falle den Mist jeweils über den Komposthaufen gehen und ihn ein Jahr von den zahlreich im Komposthaufen lebenden Tieren durcharbeiten lassen (siehe Kapitel »Der Kompost«, Seite 79).

Anstelle des knapp gewordenen guten Rindermistes wird sehr häufig **Pferdemist** angeboten. Da die Pferde nicht mehr als Arbeitspferde, sondern nur für die Freizeitbeschäftigung gehalten werden, werden sie entsprechend sorgfältig gepflegt und stehen in sauberen Ställen. Es wird reichlich Stroh eingestreut. Da einige Pferde gegen den Strohstaub empfindlich sind, vor allen Dingen, wenn sie Husten haben, wird auch häufig Torf eingestreut. Diese Pferdedünger stehen in sehr großer Menge zur Verfügung und werden oft von Reitställen kostenlos abgegeben, da man auch hier das Problem der Abfallbeseitigung hat.

> Pferdedünger wird sehr warm. Er ist daher besonders gut für Frühbeetkästen geeignet.

Auch hier ist es nicht zu empfehlen, ihn direkt auf den Boden zu geben. Auch Pferdemist sollte erst kompostiert werden, und zwar in Verbindung mit anderen Substanzen (siehe »Der Kompost«, Seite 79). Bei der Verwendung von zuviel Pferdemist kann es außerdem passieren, daß wir gelegentlich Hafer in

Vorbereitung eines Mistbeetes.

unserem Garten wachsen haben. Auch **Schweinemist** wird gelegentlich als Dünger für den Hausgarten angeboten. Er ist jedoch schon aufgrund seines strengen Geruches recht problematisch anzuwenden. Man nennt ihn auch kalten Mist. Er ist besonders reich an Phosphat und Calcium und sollte auf alle Fälle ebenfalls zuerst kompostiert werden bevor man ihn verwendet. Die scharfen Gerüche des Schweinemistes kann man durch eine Zugabe von Tonmineralmehlen in den Griff bekommen.

In ländlichen Gebieten wird auch der **Mist aus Schafhaltungen** sowie **Ziegen- und Kaninchenställen** gelegentlich zur Verfügung stehen. Alle drei Mistarten sind sehr gut für die Verwendung im Garten geeignet. Auch sie sollte man nicht direkt auf den Boden geben, sondern ebenfalls erst kompostieren, damit es nicht zu einer Festlegung des bodeneigenen Stickstoffes kommt.

Düngemittel

Hühnerdünger wird ebenfalls in großer Menge angeboten und wird meistens granuliert geliefert, das heißt, in kleinen Körnern, damit es beim Ausbringen nicht so staubt. Dieser Hühnerdünger hat leider den Nachteil der starken Geruchsbelästigung, die man aber durch das Einstäuben mit Tonmehl verringern kann.

Hühnerdünger ist im allgemeinen reich an Stickstoff, Phosphor und Kali und enthält auch interessante Mengen an Calcium. Auch der Magnesiumgehalt ist im Vergleich zum Rinder- und Schweinedünger höher.

Es handelt sich hierbei also um ein wertvolles Düngematerial, das allerdings meistens einen ganz entscheidenden Nachteil hat: Hühner werden heute hauptsächlich in Intensivhaltungen gehalten. Darunter versteht man Käfighaltungen mit automatischer Fütterung. Die Tiere sehen fast nie das Tageslicht und haben eine sehr kurze Lebensdauer. Sie sind außerdem anfällig gegen alle Arten von Krankheiten, so daß man dem Hühnerfutter bereits einige Wirkstoffe zusetzt. Darunter sind auch Antibiotika. Diese Antibiotika verhindern zwar die Erkrankung der Tiere, werden jedoch mit dem Kot wieder ausgeschieden. Wir bringen sie mit dem Hühnerdünger auch in den Gartenboden. Dadurch kann es zu einer empfindlichen Störung des Gleichgewichtes der Bodenlebewesen kommen. Es ist daher bei der Verwendung von Hühnerdünger unbedingt erforderlich, dieses Material vorher zu kompostieren. Die große biologische Aktivität im Komposthaufen führt dazu, daß die im Hühnerkot enthaltenen Antibiotika aufgespalten und in unschädliche Stoffe übergeführt werden.

Die genauen Gehalte von Rinder-, Schweine- und Hühnermist entnehmen Sie bitte nebenstehender Tabelle.

Torf

Er ist kein Düngemittel, obwohl er im Handel als Düngetorf angeboten wird!

Torf enthält keinerlei Nährstoffe und dient lediglich dazu, die Struktur des Bodens zu verbessern.

Gehalt an Nährstoffen (in %) im Kot verschiedener Haustiere
(verändert nach Sauerlandt, Tietgen)

Tierart	N	P	K	CaO	MgO
Kühe	0,35	0,27	0,07	0,70	0,15
Schweine	0,54	1,35	–	1,15	0,22
Hühner	1,53	1,08	0,59	1,22	0,28

Düngemittel

So ist er auf leichten Böden geeignet, die Wasserhaltekraft des Bodens zu verbessern, und auf schwerem Boden fördert er die Durchlüftung.

Es gibt allerdings **Spezialtorfe**, wie z. B. Supermanural und Huminal, die mit geringem Nährstoff angereichert sind. Sie enthalten im allgemeinen nur 1–2% Stickstoff, Phosphor und Kali. In die Gruppe dieser Bodenverbesserer gehört auch das bekannte Nettolin. Hier handelt es sich um ein Produkt auf Basis von Torf und Mineraldüngern. Die Nährstoffgehalte an Stickstoff, Phosphor und Kali bewegen sich zwischen 3 und 4%.

Die zuletzt genannten Produkte auf Torfbasis können direkt auf den Boden gegeben werden, ohne daß sie erst über den Komposthaufen genommen werden sollten. Sie sind besonders gut zur Abdeckung und zum Mulchen geeignet (siehe Kapitel »Das Mulchen«, Seite 106).

Bodenhilfsstoffe

Von den Bodenhilfsstoffen sind vor allen Dingen die Gesteinsmehle von Interesse. Sie werden in einem besonderen Kapitel ausführlich behandelt.

Gärtnerische Erden

Von ihnen wird im allgemeinen im Hausgarten wenig Gebrauch gemacht. Lediglich, wenn ein Garten vollkommen unbearbeitet war bzw. es sich um ein Neubaugrundstück

handelt, kann es durchaus angebracht sein, sich solche fertigen Erden, die unter den verschiedensten Handelsnamen zu haben sind, zu beschaffen. Am besten wäre es jedoch, man würde versuchen, einen guten **Mutterboden** zu bekommen. Dabei ist darauf zu achten, daß der Mutterboden frei von Glasscherben, Kunststoffen und allzu großen Steinen ist, da das die Einarbeitung in unseren Gartenboden erschwert. Am zweckmäßigsten bereitet man sich jedoch seinen Mutterboden durch eine intensive Kompostwirtschaft (siehe Kapitel »Der Kompost«, Seite 79) selber.

Ungeschützter Boden trocknet aus.

Düngemittel

Brennesselbrühe.

Inzwischen sind Pflanzenpflegemittel verschiedenster Firmen auf dem Markt. Damit entfällt das oft etwas aufwendige Selbermischen der Brühen.

Pflanzenhilfsmittel
In die große Gruppe der Pflanzenhilfsmittel gehören z. B. **Brennessel-Jauche, Schachtelhalm-Tee** und die vielen anderen **biologischen Pflanzenpflegemittel**, die es inzwischen auf dem Markt gibt. Vor allen Dingen die Firma Dr. Schaette aus Bad Waldsee im Allgäu hat eine große Anzahl von biologischen Pflanzenpflegemitteln herausgebracht, die das Wachstum unserer Pflanzen unterstützen können. Bei diesen Produkten handelt es sich um vorbeugende Mittel, die nicht geeignet sind, direkt in das Leben der Pflanzen einzugreifen. Man kann diese Pflanzenpflegemittel auch vergleichen mit einer gesunden Lebensweise beim Menschen. Die Grundlage dieser Pflanzenpflegemittel ist die Lehre von den Inhaltsstoffen der Pflanzen, der Allelopathie. Wir wissen, daß unsere Pflanzen außer den Vitaminen, Eiweißstoffen und Kohlehydraten auch eine ganze Menge von sonstigen Wirkstoffen beinhalten, wie z. B. ätherische Öle und Duftstoffe. Diese Inhaltstoffe der Pflanzen macht man sich nun bei diesen Pflanzenpflegemitteln zunutze. So gibt es z. B. ein biologisches Pflanzenpflegemittel gegen Pilzbefall, in dem Extrakte des Knoblauchs, der Zwiebel und des Meerrettichs verarbeitet sind. Wir sagten bereits an anderer Stelle, daß in einigen Pflanzen der charakteristische scharfe Geruch und Ge-

schmack durch Senföle hervorgerufen wird. Diese Senföle wirken nun auch in Form von solchen Pflanzenauszügen positiv gegen alle Arten von Pilzen im Boden, da sie viel Schwefel enthalten.
Wichtig ist jedoch, daß diese Mittel immer unterstützend oder vorbeugend eingesetzt werden. Mit der vorbeugenden und unterstützenden Anwendung solcher biologischen Pflanzenpflegemittel kann man den Einsatz von sonstigen chemischen Pflanzenschutzmitteln ganz erheblich reduzieren und leistet damit einen wesentlichen Beitrag zum Umweltschutz. Gerade die vielen kleinen Fläschchen und Döschen, die von zahlreichen Hausgärtnern für den Pflanzenschutz verwendet werden, sind nicht unproblematisch, und wo immer wir die Möglichkeit haben, sie zu reduzieren, sollten wir davon Gebrauch machen.
Wichtig ist bei diesen biologischen Pflanzenpflegemitteln, daß man sich die Gebrauchsanweisung und die Produktinformation genau durchliest und nicht von einem Tag zum anderen versucht, seinen Garten vollkommen umzustellen auf eine biologische Bewirtschaftungsweise. Das muß zu Enttäuschungen führen. Es wäre daher sehr sinnvoll, sich schrittweise an die Umstellung seines Gartens heranzuwagen. Man rechnet im allgemeinen eine Zeit von 3–4 Jahren, die nötig ist, um einen bisher mit chemischem Pflanzenschutz und Mineraldünger bearbeiteten Garten auf eine biologische Bewirtschaftungsweise umzustellen.
Die von der Firma Dr. Schaette produzierten Pflanzenpflegemittel sind in der Schweiz und in Österreich als Ledax-Produkte auf dem Markt. In Deutschland werden sie als Oscorna-Pflanzenpflege angeboten. Auch die Firma E. O. Cohrs aus Rotenburg an der Wümme bietet Pflanzenpflegemittel an. Ein anderer Hersteller von verschiedenen biologischen Pflanzenpflegemitteln ist die Firma Dr. Pfropfe aus Mannheim, und auch die Firma Neudorff aus Emmerthal bei Hameln ist mit einigen Produkten auf dem Markt.

Bodenbearbeitung – flach, tief oder gar nicht?

In den letzten Jahren wird die Diskussion um die richtige Bodenbearbeitung sehr heftig geführt. Die einen empfehlen, das Umgraben vollkommen sein zu lassen, die anderen sind nur dafür, oberflächlich den Boden etwas aufzuritzen, und die dritte Gruppe schließlich sagt, daß man diese Arbeit doch gefälligst den Bodentieren überlassen solle, da sie am besten wüßten, wie ihr Boden zu sein habe und was sie damit anzufangen hätten.

Wenn man sich einmal vor Augen hält, daß unser Gartenboden ein belebtes und gestaltetes Gebilde ist, in dem es von Leben nur so wimmelt, so kann man sich vorstellen, daß die Vorgänge bei der Bodenentstehung, an denen ja Mikroorganismen entscheidend beteiligt sind, durch die Bearbeitung des Bodens sowohl gefördert als auch gestört werden können.

Die Bearbeitung kann geschehen durch Untergrundlockerung, durch Umgraben, durch eine flache Hackarbeit oder aber durch ständige Bodenbedeckung. Dieses Mulchverfahren werden wir noch gesondert ab Seite 106 besprechen.

Aus der ganzen Diskussion der letzten Jahre um die richtige Art der Bodenbearbeitung scheint sich aber eine Aussage als mehr oder weniger richtig herausgestellt zu haben, und zwar die, daß es sicherlich falsch ist, aus dem Untergrund des Gartens die tote Erde heraufzuholen und den belebten Oberboden zu begraben. Dazu muß man wissen, daß lediglich in der oberen Schicht eines Gartens überhaupt Leben im Boden vorhanden ist. Diese Schicht, die ungefähr 15–25 cm stark ist, wird von den zahllosen Bodentieren immer wieder durchgearbeitet, und dabei kommt es auch zu einer Vermischung mit dem unter dieser belebten Oberbodenschicht liegenden Unterboden, der mehr oder weniger aus mineralischen Bestandteilen besteht.

An diesem Vorgang sind die Regenwürmer ganz entscheidend beteiligt. Diesen Vorgang nennt der Fachmann Bioturbation.

Das Umgraben

Schwere Böden

Nun darf man diese Aussage, daß man nämlich beim Umgraben toten Unterboden nach oben und lebenden Oberboden nach unten bringt, nicht generalisieren, da das Umgraben auf bestimmten Böden durchaus seine Berechtigung hat. Und zwar gilt das für die sogenannten **schweren Böden** mit einem hohen Anteil an Ton oder Lehm. Für diese Böden kann es durchaus manchmal sinnvoll sein, sie umzugraben und dann im Herbst mit grober Scholle liegen zu lassen, damit das im Boden gefrierende Wasser diese gro-

Bodenpflege

ben Schollen zerteilt. Wir sprechen in einem solchen Zusammenhang dann von **Frostgare**, die jedoch lediglich eine mechanische Zerkleinerung der Grobschollen ist.

Aber auch solchen Böden, die im allgemeinen auch unter Staunässe leiden, bietet die Zerkleinerung der Grobschollen durch die Frostgare gute Voraussetzungen dafür, daß solche Böden im Frühjahr schneller abtrocknen und sich dadurch besser erwärmen. Dabei kommt es dann zum Aufbau der richtigen Bodengare.

Sofern man jedoch auf solchen lehmigen und tonhaltigen Böden einen guten Humusgehalt hat, der Oberboden des Gartens krümelig und damit in einem garen Zustand ist, so

braucht man im Herbst nicht umzugraben und kann im Frühjahr mit einer flachen Bearbeitung zufrieden sein.

Sandböden

Sie sind im allgemeinen wärmer und haben meistens nur eine sehr dünne krümelige Oberbodenschicht. Diese Oberbodenschicht schützt den darunter liegenden Sandboden vor der Austrocknung. Wenn wir einen solchen warmen Sandboden nun tief durchmischen, so bringen wir organische Substanz in tiefere Bodenschichten ein. Dabei wird die Freisetzung von in dieser organischen Substanz enthaltenen Nährstoffen gefördert. Da diese Böden sehr durchlässig sind, werden

Einbringen von Torf und Kompost bei einer Gartenneuanlage.

mit dem in den Boden einsickern- den Wasser die freigesetzten Nähr- stoffe, besonders bei hohen Nieder- schlägen, ausgewaschen. Sie wan- dern in den toten Unterboden, im ungünstigen Fall sogar in das dar- unter liegende Grundwasser. Es ist daher bei solchen Böden wichtig, daß sie ständig mit einer Schicht bedeckt sind, die sie vor der Aus- trocknung schützt.

Das können lebende Pflanzen oder **Mulchmaterialien** sein. Vor allen Dingen in den Zeiten, in denen auf Grund unseres Gartenplanes nach Entnahme von Gemüse usw. kein Bewuchs vorhanden ist, muß eine **Gründüngung** durchgeführt wer- den. Die Einsaat solcher Pflanzen muß so rechtzeitig erfolgen, daß vor dem Eintritt der kalten Jahreszeit sich eine Pflanzendecke aufbauen kann. Dadurch wird die Auswa- schung von Nährstoffen verhindert und der Humusaufbau in solchen Böden gefördert. Wenn wir einjäh- rige Pflanzen nehmen, die im Winter abfrieren, können wir dann die ober- irdischen Ernterückstände im Früh- jahr einarbeiten.

Auch wenn Sie einmal einen Gar- tenboden umgegraben und damit ganz massiv in das Bodenleben eingegriffen haben, brauchen Sie sich deshalb nicht unbedingt Sor- gen zu machen.

Die Bodenlebewesen sind nämlich in der Lage, einen Boden sehr schnell wieder in die für sie besten Lebensbedingungen umzuwandeln. Die Vielzahl der Krümel bildenden Helfer im Boden schafft dies in sehr kurzer Zeit, aber man sollte sie bei dieser Tätigkeit nicht allzu häufig stören, da sie eine solche Störung nicht mögen.

Vor allen Dingen der Regenwurm reagiert ganz allergisch darauf, wenn wir den Boden ständig umgra- ben, da seine Röhren dann immer wieder zerstört werden. Auch sollte man auf seinen Gartenböden keine schnell laufenden Fräsen benutzen, das sind Motorhacken, die uns die Bodenbearbeitung zwar einerseits erleichtern, die aber andererseits auch den Boden sehr zerschlagen und vor allen Dingen die Mikroorga- nismen ganz empfindlich in ihrer Ruhe stören.

Ein Beweis für die Tatsache, daß die Bodenlebewesen gerne in Ruhe ge- lassen werden möchten, ist z. B. die Tatsache, daß unter einer Rasen- decke oder unter einer Wiese eine viel größere biologische Aktivität im Boden vorhanden ist, als in einem offenen Gartenboden, in dem stän- dig herumgefuhrwerkt wird.

Ein guter Gärtner geht im Laufe des Jahres ständig mit ordnender Hand durch seinen Garten. Dabei sieht er sehr schnell, ob z. B. nach einem starken Regen an einer bestimmten Stelle das Wasser nicht abfließt, was seine Ursache in einer dort herrschenden Bodenverdichtung haben kann. Oder er wird früh am

Bodenpflege

Morgen die aufrecht stehenden und zusammengerollten Blätter im Boden beobachten, an denen am unteren Ende ein Regenwurm sitzt und versucht, sie in seine Röhre zu ziehen.

> In einen gut humosen Boden, der ständig von den Bodenorganismen durchgearbeitet wird, kann man seine Hand bis zu dem Handgelenk ganz leicht hineinstecken.

Wenn Sie das in Ihrem Garten schaffen, dann sind Sie der ideale Gärtner und haben ganz phantastische Bodenverhältnisse.

Das flache Hacken

Nun darf man aber im Frühling und im Sommer nicht aufhören, den Boden zu bearbeiten, und zwar schon alleine deshalb, um die Verdunstung des Wassers, das durch die Kapillarröhren an die Oberfläche will, zu verringern. Durch ein flachen Hacken zerstören wir die Ausgänge dieser Kapillarröhren und halten dadurch das Wasser in der Bodenoberfläche. Da durch den Prozeß der Verdunstung sogenannte Verdunstungskälte entsteht, wird diese Verdunstung durch eine solche Bodenpflegemaßnahme unterbrochen, und der Boden erwärmt sich leichter. Außerdem hindern wir dadurch keimendes Unkraut zugleich am Aufwuchs.

Das abgehackte Material können wir auf dem Boden liegen lassen, es wird in kürzester Zeit von den Bodenlebewesen in den Boden hineingezogen und wieder zu Humus. Voraussetzung für eine solche erfolgreiche Hackarbeit im Gemüsegarten ist natürlich die Aussaat und das Pflanzen in Reihensaat. Wenn ich breitwürfig etwas im Garten verteile, kann ich natürlich eine solche Pflegemaßnahme nicht durchführen. Wenn ich aber zu den faulen Gärtnern gehöre, die lediglich die Freude am Garten haben wollen und möglichst wenig Arbeit, dann sorge ich dafür, daß in diesen Reihen ständig der Boden bedeckt ist. Einzelheiten entnehmen Sie dem Kapitel »Das Mulchen«, Seite 106.

Sie sollten aber bei der Frage, ob Sie in Ihren Boden umgrabend oder

Vogelmiere schützt den Boden.

Grubber sind zur schonenden Bodenbearbeitung bestens geeignet.

hackend eingreifen sollen, noch etwas bedenken. Jedesmal, wenn Sie in den Boden mit einer Grabegabel einstechen, mit einem Kultivator oder mit dem Spaten, bringen Sie automatisch Luft in den Boden. Nun hatten wir bereits gesagt, daß Luft bzw. Sauerstoff für die Kleinlebewesen des Bodens und für die Pflan-

Flaches Hacken schont den Boden.

zenwurzeln wichtig ist und ihren Stoffwechsel anregt. Sie fördern also mit einem Eingreifen in den Boden immer diese Umsetzungen. Sie zerstören bestehende Strukturen, die erst mühsam neu wieder aufgebaut werden müssen. Solche Anregung der Stoffumsetzungen, der Mineralisierung, kann vor allen Dingen kurz vor Regengüssen dazu führen, daß die mineralisierten Stoffe dann in den Grundwasserbereich gewaschen werden.

Grundsätzlich kann man sagen, daß jeder Gartenbesitzer für seinen eigenen Garten ganz individuell entscheiden muß, wann und wie er seinen Boden bearbeiten will.

Er alleine muß entscheiden, ob er mulchen will, ob er umgraben möchte oder ob er nur flach arbeitet. Er sollte sich jedoch darüber im

Bodenpflege

klaren sein, daß die Maßnahmen der Bodenbearbeitung und der Bodenpflege in engem Zusammenhang stehen mit anderen Maßnahmen wie der richtigen Düngung, der Anwendung von Pflanzenpflegepräparaten und dem Einbau von Gründüngung in den Gartenkreislauf.

Die Geräte

An Geräten für die Bodenbearbeitung steht uns eine große Anzahl zur Verfügung. Darunter sind einige, die seit Jahrzehnten, wenn nicht sogar seit Jahrhunderten mit Erfolg im Garten angewendet werden.
Dazu gehört z. B. die besonders in Süddeutschland weit verbreitete **Kreuzhacke**, die eine kombinierte Form von Schlag- und Ziehhacke darstellt und für bestimmte Arbeiten, vor allen Dingen, wenn sie außerhalb eines regelmäßigen Beetes durchgeführt wurden, sehr gut geeignet sind.
Ferner ist auch der **Kreil** als **Dunghacke** bekannt. Es handelt sich um einen Vierzahn mit klauenartig im rechten Winkel abgebogenen Zinken. Mit diesem Gerät bereitet man die Beete vor, zerkleinert Klumpen, arbeitet Kompost und andere Dünger in die Oberfläche ein und ebnet die Beete.
Die **Grabegabel** mit ihren vier flach geschmiedeten kräftigen Stahlzinken ist besonders gut geeignet, um müheloser, als mit einem Spaten

möglich, harte Bodenschichten aufzubrechen. Dazu sticht man die Gabel in den Boden ein, bewegt sie vorwärts und rückwärts und verkantet sie, um den Boden zu lockern. Er wird dabei nicht gewendet.
Ein anderes altbewährtes Gerät ist die sogenannte **Ziehhacke**, auch **Kultivator** genannt. Es gibt sie in verschiedenen Größen, man kann sie verstellen, und sie ist sehr inter-

Kultivator mit Gänsefußzinken.

essant für eine schnelle, mühelose Bearbeitung eines Bodens. Man benutzt sie, um den Boden flach zu lockern und fein zu krümeln. Von diesen Ziehhacken gibt es auch noch kleinere, schmale, dreizinkige

Grubber mit Rundstahlzinken.

![Für flache Bodenbearbeitung geeignete Geräte.]

Für flache Bodenbearbeitung geeignete Geräte.

Geräte, die als **Grubber** bekannt sind. Während die Ziehhacke sogenannte Gänsefußzinken hat, hat der Grubber einfache Rundstahlzinken. Ein ebenfalls seit Jahrzehnten bewährtes Bearbeitungsgerät im Garten ist der sogenannte **Handhäufepflug**. Er arbeitet nach demselben Prinzip wie ein Pflug, indem sich die gehärtete Stahlspitze mehr oder weniger tief in den Boden eingräbt und sich an den Seiten die Erde teilt und aufwirft. Dieser Handhäufepflug

ist besonders gut geeignet, um Pflanz- und Bewässerungsrillen auszuziehen, um Pflanzdämme für Erdbeeren aufzuwerfen sowie zum Anhäufeln von Kartoffeln und sonstigen Gemüsepflanzen.

Nur langsamlaufende Hacken sind gut.

Ein Häufelpflug tut gute Dienste.

Bodenpflege

Gartenwiesel zur schonenden Lockerung.

Das **Gartenwiesel** hat je nach Ausführung mehrere sternförmige, spitze Zinken, die sich drehen, zur Einarbeitung von Kalk, Gesteinsmehl, Naturdünger, Rohkompost, Mulchmaterial und Gründüngung. Auch zur Unkrautbekämpfung in Gemüsebeeten und Blumenrabatten und zur schonenden Bodenlockerung im Frühjahr ist es sehr gut zu verwenden.

Auch sollen gerade die **Gartengeräte für Kinder** nicht vergessen werden. Wenn Sie einmal erlebt haben, wie gerne Kinder im Garten mithelfen, so werden Sie ermessen können, wie wichtig es ist, Ihrem Kind ein entsprechendes, seiner Körpergröße angepaßtes, Gartenwerkzeug in die Hand zu geben. Sie erhalten im Gartenfachhandel alle großen Geräte, angefangen vom Spaten über die Grabegabel bis hin zum Kultivator, in kindgerechter Ausführung und in guter Qualität. Mit welchen Geräten Sie nun arbeiten wollen, kann Ihnen nur die Erfahrung lehren.

Schließlich gibt es auch noch motorgetriebene **Krümelhacken**. Sie gibt es in zahllosen Variationen und sind für Gärten, die mehr als 500 m² groß sind, durchaus geeignet, die Arbeitsbelastung erheblich zu verringern. Sie sollten aber bei der Anschaffung eines solchen Gerätes darauf achten, daß es ein möglichst langsam laufendes Gerät ist, da sonst die zu schnelle Bewegung der Hacksterne die Bodengare zerschlägt und die Mikroorganismen in ihrer Aktivität für längere Zeit empfindlich gestört würden.

Kinder brauchen ihre eigenen Geräte.

Der Kompost

Warum kompostieren?

Die Bereitung von Kompost gehört seit alters her zur Bearbeitung des Bodens. Durch die Verabreichung von richtig bereitetem Kompost kann ich die Leistungsfähigkeit eines Gartenbodens enorm steigern.

Mit Kompost fördere ich den Humushaushalt. Es kommt über die mit Kompost in den Boden gebrachten Humusmengen zu einem verstärkten Wurzelwachstum. Dabei ist die Sauerstoffbelastung in der Bodenluft, das heißt, der Verbrauch von Sauerstoff ist bei der Umsetzung durch Kompost geringer als durch manch andere, leicht zersetzbare Dünger. Komposte fördern die Krümelung des Bodens, das Wachstum der Wurzeln, die bessere Durchlüftung und die Ableitung des Überschußwassers. Sie tragen auf Grund ihrer dunklen Farbe zu einer schnelleren Erwärmung des Bodens und damit zu einer früheren Ernte bei.

Nun sagt sich das alles so einfach, doch die Bereitung eines guten Kompostes ist eine Kunst. Leider wird dies von sehr vielen Gartenbesitzern falsch gemacht, und das hat dazu geführt, daß es in sehr vielen Gärten gar keinen Komposthaufen, keine Kompoststelle mehr gibt und daß alles das, was normalerweise auf einen Kompost kommen sollte, im Herbst im Müllsack an die Straße gestellt wird. Damit meine ich den Laubabfall und die sonstigen Pflanzenteile, die im Herbst auf die Erde gelangen.

Der ordentliche Gartenbesitzer kratzt sie heraus, stopft sie in den Müllsack und stellt sie vor die Tür. Anschließend geht er dann in ein Fachgeschäft und kauft sich für relativ viel Geld entweder Torf oder sonstigen teuren Dünger, um diese Stoffe dann wieder seinem Boden zuzufügen.

Diese Tätigkeit des »Gartensäuberns« kann man eigentlich das ganze Jahr über beobachten, sofern der Boden nicht von Schnee bedeckt ist. Es hat den Anschein, als ob das Herumkratzen im Gartenboden, das ständige »Säubern« ein Ergebnis der persönlichen Sauberkeit und Reinlichkeit ist. So sehr jedoch diese beiden Tugenden im privaten Bereich sowohl in der Körperpflege als auch, was die Sauberhaltung von Bad, Küche und Wohnung angeht, geschätzt werden, so sehr ist »Sauberkeit« in einem Garten ein relativer Begriff.

Bei den Gartenbesitzern, die ständig mit Harke und Laubbesen im Garten unterwegs sind, geht es auch eigentlich gar nicht so sehr um den Begriff der Sauberkeit, als vielmehr um den Begriff der Ordnung. Sie sind der Meinung, daß es im Garten genau so ordentlich aussehen müsse wie z. B. auf dem beruflichen oder privaten Schreibtisch und in den eigenen vier Wänden. Nun kann man, was den Garten angeht, die Begriffe Ordnung und Sau-

Eine Decke aus lebenden Pflanzen, z. B. Kürbissen, schützt den Kompost.

berkeit bestenfalls als altgermani-
sche Wertvorstellungen bezeichnen. Sie sind im Garten vollkommen
unangebracht, da im großen Kreis-
lauf der Natur eine ganz andere
Ordnung herrscht als diejenige, die
sich Menschen so vorstellen. In der
Natur gibt es nämlich geordnete
Unordnung, das heißt, das uns
scheinbar als willkürlich entgegen-
tretende Durcheinander auf einem
Gartenbeet von Laub, kleinen Holzteilen, abgefallenen Früchten etc.
ist nur scheinbar ungeordnet.
Man muß sich einmal vor Augen halten, daß z. B. Regenwürmer geradezu auf das abgefallene Laub, die
heruntergefallenen Früchte und
sonstigen Bestandsabfall als Nahrungsgrundlage angewiesen sind,
sofern wir den Garten nicht ständig
mit Kompost und anderen leichtver-
daulichen Stoffen versorgen. Wenn

wir nämlich jeglichen Laubfall, und
was sonst so im Laufe eines Jahres
von den Pflanzen auf die Erde ge-
langt, immer wieder herausholen,
den Garten immer schön »sauber-
halten«, so vernichten wir damit die
Nahrungsgrundlage für eine Vielzahl
von Bodentieren. Diese Ordnung
und Sauberkeit in den Gärten ist
auch der Grund dafür, daß Hausgar-
tenbesitzer unverhältnismäßig viel
Geld für Düngemittel, Torf und sonstige Bodenverbesserungsstoffe
ausgeben. Der Etat eines Hausbe-
sitzers könnte dabei von solchen
Zukäufen fast vollkommen entlastet
werden, wenn er sich entschließen
könnte, in seinem Garten weniger
Ordnung zu halten.
Nun ist mit diesem Aufruf zur Unordnung im Garten keinesfalls ge-
meint, daß der Gartenbesitzer alles
so wachsen lassen soll, wie die Na-

Der Kompost

tur es möchte. Das führt im Zweifelsfalle dazu, daß sich in seinem Garten die sogenannte potentielle natürliche Vegetation ausbreitet, das heißt, daß sich dort die Pflanzen ansiedeln, die auf diesem Gartenboden ihren optimalen Standort haben. Das kann unter Umständen auch »Unkraut« sein, es können sich also Pflanzen ansiedeln, die wir in unserem Garten gar nicht haben wollen. Es wäre denkbar, daß sich der Beifuß, die Melde, der Löwenzahn oder auch die Brennessel so breitmacht, daß keine andere Pflanze dort mehr wachsen kann. In einem solchen Fall müssen wir natürlich ordnend eingreifen, aber eben nur insoweit, daß wir unseren Kulturpflanzen genügend Lebensmöglichkeiten schaffen, damit sie im Wettbewerb mit den »Wildpflanzen« bestehen können.

Ich kann aber z. B. das mir lästig werdende Unkraut zwischen den Rosen ohne weiteres liegenlassen (Kapitel »Das Mulchen«, Seite 106). Ich kann Brennesselhalme, die ich abschlage, ebenfalls auf dem Boden liegenlassen, und ich kann selbstverständlich auch mit Schadpilzen befallenes Fallaub auf meinen Beeten liegenlassen. Diese Aussage wird nun einige Gartenbesitzer veranlassen, unter Umständen dieses Buch zur Seite zu legen, da sie der Meinung sind, daß der Verfasser groben Unsinn erzählt. Dabei ist durch verschiedene wissenschaftliche Untersuchungen eindeutig nachgewiesen worden, daß z. B. mit bestimmten Pilzen infiziertes Fallaub durch die Tätigkeit des großen Regenwurms dermaßen abgebaut, das heißt, in die Erde hineingezogen wurde, so daß die Sporen der Pilze keine Möglichkeiten hatten, sich weiterzuverbreiten. Förderung des Bodenlebens durch etwas weniger »Pflege« des Gartenbodens ist also ein ganz aktiver Beitrag zum Umweltschutz und eine indirekte Pflanzenschutzmaßnahme. Man muß sich über diese Zusammenhänge einmal gründlich Gedanken machen, um zu begreifen, wie wichtig es ist, möglichst wenig in das Bodengefüge einzugreifen.

Wie wird ein Komposthaufen angelegt?

Diskussionen kann die Frage auslösen, ob man einen Komposthaufen einfach so als ein wildes Durcheinander sich langsam entwickeln lassen soll, sozusagen in der Form, daß alles das, was mir irgendwo in die Quere kommt und von dem ich meine, daß es verwertbar sei, auf den Komposthaufen geworfen wird oder sollte man einen Kompost gewissermaßen planen und ihn Schicht für Schicht sorgfältig aufsetzen?

Das »geordnete Durcheinander«, von dem wir schon an anderer Stelle sprachen, kommt natürlich am ehesten dadurch zustande, daß

Der Kompost

So wird ein Kompost richtig:

1 Grobes Material nach unten legen für eine gute Durchlüftung.

2 Mit altem Kompost »impfe« ich den neuen Haufen.

3 Das Einpudern mit Kompostbeschleunigern, Kalk und Gesteinsmehl verbessert die Rotte.

4 Auch eine Handvoll organischer Dünger fördert die Verrottung.

5 Feuchtigkeit im Kompost ist für die Bodenlebewesen wichtig.

Der Kompost

ich mir eine Stelle im Garten aussuche, die ich für den Kompost vorgesehen habe und dort nun anfange, alles das, was an Resten im Garten anfällt, zu sammeln. Ich persönlich habe die Erfahrung gemacht, daß es besser ist, ein geordnetes Durcheinander zu haben, als einen Komposthaufen schichtweise aufzusetzen. Es gibt allerdings einige Grundregeln, die man bei der Anlage eines Komposthaufens unbedingt beachten muß, um überhaupt Erfolg zu haben. Werden diese Regeln nicht beachtet, so führt es meistens zu einem Fiasko. Zuerst müssen Sie sich eine Stelle in Ihrem Garten suchen, an der Sie Ihren Kompostplatz anlegen. Diese Stelle sollte möglichst in einer Ecke des Gartens sein, an der nicht den ganzen Tag die Sonne hinkommt.

Für den Komposthaufen ist ein Halbschattenplatz am besten geeignet.

Außerdem dürfen Sie nicht den Fehler machen, daß Sie an dieser Stelle nun eine Grube ausheben und in diese Grube alles hineinwerfen. In einer solchen Grube kann das Material nicht verrotten, das heißt, es kommt zu einer Verwesung unter Luftabschluß, und dabei entstehen Fäulnisbakterien, die wir in unserem Garten gar nicht gerne sehen wollen. Es entsteht unter anderem bei einer solchen Verrottung ohne Luft Methan, was für die Pflanzenwur-

zeln absolut giftig ist. Außerdem kann es an einer solchen Kompoststelle leicht zu einem Geruch wie nach faulen Eiern kommen. Das ist dann auch einer der Gründe dafür, daß manch ein Gartenbesitzer einen einmal begonnenen Versuch, sich einen Kompost anzulegen, resigniert wieder aufgibt.

Oberster Grundsatz: niemals ein Loch ausheben! Das zu kompostierende Material muß auf die Erde gelegt werden.

Sie dürfen auch diese Fläche nicht mit Platten belegen oder gar einen Betonboden herstellen, um dann wieder die berühmte Sauberkeit dort halten zu können. Komposthaufen brauchen Erdanschluß, das heißt, sie müssen auf der nackten Erde liegen, da sonst die Regenwürmer weder hinein- noch aus dem Komposthaufen hinausgelangen können.
Ferner sollten Sie niemals einen nach allen Seiten geschlossenen Behälter verwenden. Auch dadurch kommt es zu Luftmangel im Komposthaufen und Luft ist für einen solchen Rottevorgang nun einmal das Allerwichtigste. Egal, welches Prinzip des Aufsetzens Sie nun bevorzugen, sei es das geordnete Durcheinander oder der schichtweise Aufbau, so gibt es doch eine Grundregel, die Sie bei beiden Methoden beachten müssen:
Im unteren Teil des Kompostes in

Der Kompost

Negativbeispiel: Geschlossene Behälter lassen die Luft nicht an den Kompost.

einer Höhe von ca 15 cm muß immer **grobes Material** liegen. Dafür eignen sich Baumschnittreste, Hekkenschnittreste und größere Astteile. Darüber kann man dann **feineres Material** verteilen und auch mal eine Handvoll Gartenerde dazwischenwerfen, damit das zu verrottende Material mit den in der Gartenerde in großer Zahl vorhandenen Bodenlebewesen infiziert wird.

Wichtig ist, daß Sie in der Nähe Ihres Komposthaufens einen Wasseranschluß haben.

Es ist nämlich ganz entscheidend, daß das Material in einem Komposthaufen gut durchfeuchtet sein muß, da sich nur bei einer entsprechenden Feuchtigkeit die Bodenlebewesen wohlfühlen und entsprechend vermehren. Sie dürfen allerdings den Haufen auch nicht zu naß werden lassen, da Sie sonst durch das eindringende Wasser die Luft aus dem Komposthaufen herausdrängen und Ihnen die im Haufen lebenden Bewohner sterben. Man sagt, daß ein Kompost ungefähr die Feuchtigkeit haben soll wie ein gut ausgedrückter nasser Schwamm. Außerdem müssen Sie unbedingt darauf achten, daß der Haufen niemals ganz austrocknet. Sofern das passiert, werden Sie keine Freude an Ihrem Kompost haben, da alle diese an der Umsetzung des organischen Materials beteiligten Kleinlebewesen unbedingt Feuchtigkeit benötigen.

Wie groß soll ein Komposthaufen sein?

Ein guter Komposthaufen sollte an der Basis 2–2,50 m breit sein und nach oben hin konisch zulaufen. Er sollte im oberen Teil vielleicht eine

Der Kompost

Breite von 40–50 cm haben und auf keinen Fall höher als 1,50–1,60 m sein. Sofern Sie das Material nämlich zu hoch aufschichten, kommt es ebenfalls zu einer Bodenverdichtung im Komposthaufen mit allen Ihnen bereits geschilderten Nachteilen.

Wenn Sie die Möglichkeit haben, Ihren Komposthaufen in die Länge zu ziehen, so können Sie diese **Kompostmiete**, wie man sie auch nennt, beliebig lang machen. Sie sollten dann allerdings im Abstand von 1–1,50 m von oben nach unten sogenannte Belüftungskamine einbauen, damit genügend Sauerstoff im Haufen zirkulieren kann. Dazu eignen sich sehr gut die in Baustoffhandlungen, Gartencentern oder Baumärkten zu erhaltenden Dränageröhren. Sie sind aus gelbem Kunststoffmaterial und haben zahlreiche Seitenschlitze. Am besten baut man sie beim Aufbau des Komposthaufens mit ein und läßt das obere Ende wie einen kleinen Kamin aus dem Haufen herausschauen.

Um leicht bewässern zu können, sollte im oberen Teil der Kompostmiete eine kleine Rinne angebracht und dort das Wasser zugegeben werden.

Eine solche Kompostmiete kann 10, 20, 30, 40 m lang sein und hat den Vorteil, daß man in dem Moment, wo man am hinteren Ende fertig ist,

Solche hölzernen Kompostsilos sind für kleine Gärten ideal. Es gibt sie auch in Plastik und Metall.

bereits am Anfang den fertigen Kompost entnehmen kann.

Die Kompostsilos
Eine andere Art der Kompostierung ist die in sogenannten Kompostsi-

Der Kompost

Kompostsilo aus verrottungsfestem Eternit. Eine Umrandung mit Platten ist für die Ordnung am Kompostplatz nützlich.

Behälter aus imprägniertem Holz.

los oder Kompostbehältern. Hier gibt es eine große Zahl von verschiedenen Fabrikaten auf dem Markt. Der Gartenbesitzer kann ganz individuell einen Behälter aus Normstahl, z. B. den Normstahlkomposter, wählen, bei dem übrigens auch dieses Belüftungsprinzip mit Hilfe eines kleinen Kamins berücksichtigt wird. Man kann sich eine aus Stahlblech gefertigte mit lauter Löchern versehene Tonne kaufen, den sogenannten Mücke-Kompo-

ster, auch Kompostsilos aus imprägnierten Holzteilen selber zusammenbasteln, oder aber aus kunststoffbeschichtetem Draht eine Komposttonne bauen, die den Vorteil hat, daß von allen Seiten sehr viel Luft heran kann.

Das Grundprinzip dieser Kompostsilos ist, daß das Kompostmaterial im Garten nicht so einfach herumliegt. Sie sind vor allen Dingen für den Gärtner mit einem relativ kleinen Garten gedacht.

Der Kompost

Was kann kompostiert werden?

Der Kompost bietet uns geradezu ideale Möglichkeiten, die Forderungen nach möglichst wenig Bodenbearbeitung mit einer optimalen Bodenpflege zu kombinieren.

Doch zuerst wollen wir uns einmal mit einigen Regeln für guten Kompost befassen, da die meisten Gartenbesitzer leider bei der Bereitung ihres Kompostes sehr viele Fehler machen.

Sie werden erstaunt sein, zu hören, daß fast alles, was irgendwie Kohlenstoff enthält und somit organischer Substanz ist, auf einen Kompost wandern kann. Es versteht sich von selbst, daß Glas, Kunststoffe und auch Metalle in einem Kompost nichts zu suchen haben, da sie von den Bodenlebewesen nicht umgesetzt werden können.

Schalen von Früchten

Bei der Frage, ob man Apfelsinenschalen, Bananen-, Grapefruit- oder Zitronenschalen auf den Komposthaufen geben sollte, scheiden sich die Geister. Die einen sagen, daß aufgrund der an diesen Südfrüchten durchgeführten Vorratsspritzungen das Leben im Komposthaufen ganz empfindlich gestört wird.

Nun, lieber Leser dieses Buches, seien Sie nicht so ängstlich. Die biologische Aktivität der im Komposthaufen lebenden Mikroorganismen ist viel größer als Sie es sich vorstellen können. Wenn Sie sich einmal vor Augen halten, daß selbst nach dem Eindringen von Kalkstickstoff, bei dessen Umsetzung ein schweres Gift frei wird, sich die Bodenlebewesen nach der ersten Giftwirkung nachhaltig erholen, so werden Sie sicherlich mit mir der Meinung sein, daß die oben genannten Schalen von Südfrüchten in geringen Mengen und am besten vorher etwas zerkleinert im Komposthaufen überhaupt keinen Schaden anrichten können. Sie werden dort innerhalb kürzester Zeit verarbeitet.

Die an den Südfruchtresten haftenden Bestandteile von Vorratsschutzmitteln sind so gering, daß in der geringen Menge, in der Sie sicherlich auch Apfelsinen- und sonstige Schalen in Ihrem Haushalt haben, keine Gefahr für Ihren Kompost besteht.

Kranke Pflanzenteile

Ein weiteres Problem sind die von Krankheiten befallenen Pflanzenteile. Soll man sie kompostieren oder sollte man sie verbrennen und dann die Asche dem Kompost zugeben?

Wenn jemand die große Kunst des Kompostbereitens beherrscht und es fertigbringt, daß sein Komposthaufen in der ersten Phase der Verrottung auf über 80 °C heiß wird, so kann er auch die von Krankheiten befallenen Pflanzenteile in den Kompost hineinmischen. Wie an anderer Stelle bereits ausgeführt, sind

Der Kompost

die Mikroorganismen des Bodens in der Lage, diese Schaderreger zu neutralisieren bzw. sie unschädlich zu machen, da in einem Komposthaufen ein Gleichgewicht zwischen Krankheitserregern und ihren Gegenspielern besteht.

Sollten Sie sich aber die rechte Form der Kompostierung noch nicht zutrauen, so sollten Sie die von Krankheiten befallenen Pflanzenteile tatsächlich verbrennen und dann die Asche dem Kompost zumischen.

Grasschnitt

Fast jeder Gartenbesitzer hat während des ganzen Jahres ein Material immer im Überschuß: den Grasschnitt vom Rasen. Wohin damit? Einfach in einer Riesenmenge auf den Kompost? Oder in den Müllsack und an den Straßenrand? Oder auf den Beeten verteilen als Mulchmaterial?

Die Antwort ist nicht sehr leicht zu geben, da jeder Gartenbesitzer ganz bestimmte Vorstellungen von dem Aussehen seines Gartens hat. Der Müllsack ist sicherlich die schlechteste Lösung, da ich mit diesem Grasschnitt wertvolles organisches Material weggebe. Rasengräser entziehen dem Boden nämlich sehr viel Stickstoff, weshalb ich z. B. bei der Rasendüngung immer einen stickstoffbetonten Rasendünger, wie z. B. Rasaflor, verwende, der 15% Stickstoff enthält. Gras wächst im allgemeinen auch sehr schnell.

Dieser Grasschnitt ist also viel zu wertvoll, als daß man ihn wegwerfen sollte. Aber: Vorsicht! Er kann Ihnen einen Komposthaufen innerhalb kürzester Zeit vollkommen zerstören, da sich aufgrund des hohen Stickstoffgehalts im Schnittgut das Material sehr schnell erwärmt. Es wird nämlich Ammoniak freigesetzt, und das führt zu einer starken Zunahme sogenannter thermophiler, das heißt, wärmeliebender Pilze. Sie haben sicherlich schon alle einmal davon gehört, daß ein Heuschober oder ein Heuhaufen zu brennen begonnen haben. Die Ursache dafür war, daß das Heu nicht trocken genug war, so daß es in Verbindung mit der Feuchtigkeit und dem im Gras enthaltenen Stickstoff zu einer sehr großen Hitzeentwicklung kam, wodurch dann das Heu zu brennen anfing. Dieses Phänomen wollen Sie in Ihrem Komposthaufen natürlich nicht haben, andererseits aber das wertvolle Material nutzen. Sie sollten es daher immer nur in einer dünnen Schicht einstreuen und immer gleich mit Erde abdecken, das heißt, wenn Sie Ihren Grasfangkorb oder das zusammengeharkte Gras in einer bestimmten Menge auf den Kompost bringen, dann verteilen Sie es gleichmäßig auf dieser Kompostfläche und nehmen anschließend mehrere Schaufeln Gartenerde und decken damit das Material zu.

Es wäre gut, wenn Sie außerdem neben Ihrem Komposthaufen, den

10 goldene Regeln

Zu kompostierendes Material niemals in eine Grube legen. Es kann sonst keine Luft an das Material. Luft ist aber das Wichtigste bei der Kompostierung. Verrottung ohne Luft führt zu Geruchsbelästigung.

Niemals nach allen Seiten geschlossene Behälter verwenden, das führt zu Luftmangel.

Niemals einen Komposthaufen auf einer festen Unterlage aus Stein, Beton etc. aufsetzen. Er braucht »Erdanschluß« wegen der Regenwürmer.

Grobes Material 15 cm hoch als unterste Schicht. Dann feinere Stoffe, wie z. B. Laub und Küchenabfälle, immer abwechselnd darauflegen. Grasschnitt nur ganz dünn dazwischenstreuen. Fäulnisgefahr!

Küchenabfälle stets mit Erde gut abdecken! Sonst verteilen Tiere die Essensreste im ganzen Garten.

Vollkommene Trockenheit vermeiden. Kleinlebewesen brauchen Feuchtigkeit.

Normale Gartenerde, Kompoststarter, Kalk oder Edasil als Verrottungsbeschleuniger dünn über die einzelnen Schichten streuen. Vorsicht mit Kalkstickstoff. Er tötet erst mal jegliche Lebewesen im Kompost. Nur langsame Wiederbelebung.

Den Haufen nicht zu naß machen, sonst fehlt die Luft, der Regenwurm geht kaputt.

Zwiebelschalen, Schnittlauchreste, Kaffee- und Teesatz sind ideales Regenwurmfutter! *Phlox* und Holunder sind gute Pflanzen am Komposthaufen und fördern den Regenwurmbesatz.

Den fertig aufgesetzten Haufen mit Stroh, Heu, Torf abdecken, um Wärmeentwicklung zu fördern und Stickstoffverluste zu vermeiden. Nicht gelochte Folien sind zur Abdeckung nicht geeignet.

Der Kompost

Gartenabfälle für den Kompost und halb
verrotteter Kompost.

Stark verpilzte Grasreste durch Überhitzung.

Sie gerade neu ansetzen, auch
einen Rest von altem Laub hätten,
den Sie dann ebenfalls wieder über
diese Erde streuen können. In diesem Falle, wenn Sie viel Grasschnitt
verarbeiten, empfiehlt sich auch das
gelegentliche Einstreuen von Tonmineralien, wie z. B. Edasil, oder
aber von kohlensaurem Kalk. Dadurch vermeiden Sie die Versauerung Ihres Kompostes.
Sofern Sie zuviel Grasschnitt haben,
sollten Sie lieber damit Ihre Beete
abdecken und damit den hohen
Stickstoffgehalt des Grases wiederum dem Boden zuführen.

Kalk und Tonminerale

Wenn Sie Kalk oder Tonminerale
verwenden, so sollten Sie die einzelnen Bestandteile des Kompostes
nicht in dicker Schicht damit be-
streuen, sondern sie dünn wie Pu-
derzucker darüberstreuen.
Auch **Kalkstickstoff** wird gerne zur
Kompostbereitung verwendet.
Seien Sie damit lieber etwas zurück-
haltend, denn Kalkstickstoff tötet
erst einmal jegliche Lebewesen im
Kompost ab. Vor allen Dingen auch
den wertvollen Regenwurm. Er er-
holt sich nur sehr schwer von diesem Schock, während sich die Bo-
denbakterien nach der Anwendung
von Kalkstickstoff relativ schnell erholen und den Komposthaufen wieder intensiv besiedeln. Kalkstickstoff ist, abgesehen von dieser negativen Wirkung, allerdings wohl
das umweltfreundlichste Unkraut-

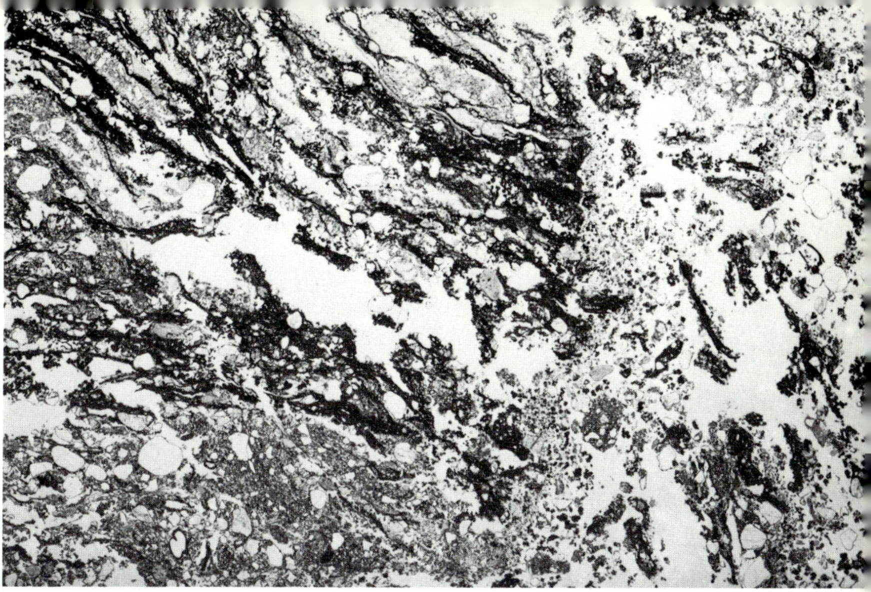

Als helle Flecken sind die viele Luft und als dunkle die groben, halbverrotteten Pflanzenteile zu erkennen. Es ist Rohkompost.

Die feinere Struktur des Materials mit besser verteilter Luft und gut verrotteten Pflanzenresten ist gut erkennbar. Es ist fertiger Kompost. (Beide sind Aufnahmen von Dünnschliffen.)

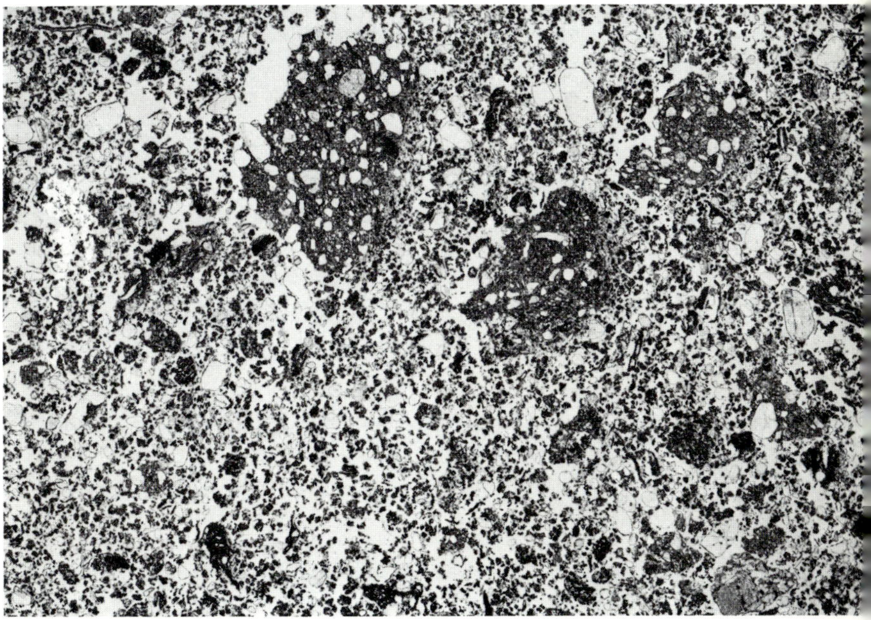

Der Kompost

vernichtungsmittel, das wir zur Zeit kennen.

Essensreste

Ein anderer »Abfall« kann zum Problem werden: die Essensreste aus dem Haushalt. Jeder Gartenbesitzer, der einen Komposthaufen anlegen möchte oder aber schon einen Komposthaufen hat, sollte in seiner Küche zwei getrennte Abfalleimer haben. Den einen für Glas, Metall und Kunststoffe sowie für die mit einer Wachsschicht überzogenen Milchpackungen, und den anderen Eimer für alle Arten von organischen Abfällen, wie z. B. Gemüseputzreste, Kartoffelschalen, Teereste, Kaffeereste, Zwiebelschalen und Schnittlauchreste.

Essensreste sollten nur selten anfallen und auf den Kompost wandern, da eine gute Hausfrau ja stets nur soviel kocht, wie auch von der Familie verzehrt wird. Sollte jedoch tatsächlich einmal etwas schlecht werden oder aus sonstigen Gründen nicht mehr genießbar sein, so sollte man es durchaus dem Kompost zuführen, allerdings darauf achten, daß solche Küchenabfälle sofort mit Erde zugedeckt werden. Essensreste können nicht nur Ratten anziehen, was durchaus kein Märchen ist, vor allen Dingen werden solche Essensreste durch kleinere und größere Vögel im ganzen Garten verteilt. Es soll schon passiert sein, daß sich nach dem Ausschütten eines solchen Essensrestkübels auf dem Komposthaufen ganze Scharen von Saatkrähen eingefunden haben, um dann anschließend diese Reste in der Nachbarschaft zu verteilen. Die Reaktion der lieben Nachbarn soll entsprechend gewesen sein.

Kaffee und Zwiebelschalen

Ich erwähnte vorhin, daß Kaffee, Tee, Zwiebelschalen und Schnittlauchreste auch in den Kompost sollen. Wenn Sie wüßten, wie sehr Sie dem Regenwurm damit eine Freude machen, wenn Sie Kaffeesatz und Zwiebelreste in den Kompost geben, so würden Sie wahrscheinlich ab sofort viel mehr Zwiebeln verzehren. Nun kann es aber sein, daß es Familien gibt, in denen weder Kaffee getrunken noch Zwiebeln gegessen werden, so daß man dann auf andere Hilfsmittel ausweichen muß. Zur Zeit des großen Zwiebelangebotes gibt es sicherlich auch bei Ihrem Gemüsehändler manchmal einige Zwiebeln, die nicht mehr zu verkaufen sind. Lassen Sie sich diese geben und schütten Sie sie unzerkleinert in Ihren Komposthaufen. Sie werden es nicht für möglich halten, aber in solchen Zwiebeln könnten Sie ganze Hände voll Regenwürmer nachher wieder herausholen.

Diese Vorliebe für Zwiebelschalen macht man sich auch bei einem **Kompostbeschleuniger**, der von der Firma Oscorna auf den Markt gebracht wird, zunutze. In diesem

Der Kompost

Kompostbeschleuniger sind neben Tonmineralien eben auch gemahlene Zwiebelschalen enthalten, und der Besatz an Regenwürmern in einem damit eingepuderten Haufen ist ca. 10–12mal größer als in einem nicht mit einem solchen Kompostbeschleuniger versehenen Komposthaufen.

Sie können z. B. auch Getreidekleie dazwischenstreuen, auch sie ist in einigen Kompostbeschleunigern enthalten.

Organische Dünger

Außerdem eignen sich alle organischen Dünger, z. B. organische Mischdünger auf der Basis Horn-Knochen-Blutmehl, reine Horn-, Knochen- und Blutmehle, sowie die Dünger von z. B. Hühnern, Tauben, Kaninchen als Kompostzusatz.

Wir hatten bei der Behandlung der Düngemittel ja darauf hingewiesen, daß solche Düngemittel aus der tierischen Produktion am besten erst im Komposthaufen vorverarbeitet werden, damit sie anschließend im Boden eine milde Düngewirkung entfalten können.

Die Verrottungsvorgänge

Wenn ich einen Komposthaufen umsetze und ihn dabei mische, kommt zwangsläufig wieder Luft in den Komposthaufen. Dadurch werden die Verrottungsvorgänge beschleunigt. Wenn ich meinen Haufen jedoch im Garten richtig aufgebaut habe, brauche ich ihn eigentlich gar nicht umzusetzen. Bei Garten- und Abfallkomposten beträgt die Dauer der Verrottung ungefähr ein bis eineinhalb Jahre. Die Dauer der Verrottung hängt hauptsächlich von dem Gehalt an Stickstoff ab, den ich über die organischen Substanzen zufüge.

Der Stickstoff- und der Kohlenstoffgehalt des zu kompostierenden Materials sind für den Rottevorgang von großer Bedeutung. Dieses Verhältnis von Kohlenstoff (C) zu Stickstoff (N) wird auch als das sogenannte C/N-Verhältnis bezeichnet. Dieses C/N-Verhältnis gibt an, wieviele Teile Kohlenstoff auf ein Teil Stickstoff in dem Ausgangsmaterial entfallen.

Wenn ich einen Komposthaufen richtig aufsetze und ihn gut mit verschiedenen Substanzen zusammenmische, so hat das Ausgangsmaterial ein C/N-Verhältnis von ungefähr 25 : 1, das heißt, auf 1 Teil Stickstoff entfallen 25 Teile Kohlenstoff. Wenn das Material fertig ist, hat sich das Kohlenstoffverhältnis verringert: der fertige Kompost enthält ungefähr nur noch 15–20 : 1.

Man spricht in diesem Zusammenhang von einem weiten oder einem engen C/N-Verhältnis. Dabei ist ein enges C/N-Verhältnis, der Gehalt an Kohlenstoff also relativ gering ist im Vergleich zum Stickstoffgehalt, günstiger für die Verrottung als ein zu weites C/N-Verhältnis.

Hierzu einige Beispiele: Stroh hat ein C/N-Verhältnis von ungefähr 100 : 1, Eichen- und Buchenlaub 60 : 1, der Kot fast aller Tiere 14–16 : 1, frischer Stallmist je nach der Art der Einstreu 20–25 : 1 und Komposte 15–20 : 1.

Dieses C/N-Verhältnis ist auch verantwortlich dafür, daß es bei der Umsetzung dieser Produkte im Boden zu dem kommen kann, was wir an anderer Stelle schon als Stickstoffdepression bezeichneten. Dabei wird der in dem Material enthaltene Stickstoff von den Mikroorganismen ausschließlich für sich selber benötigt, so daß für die Pflanze nichts mehr zur Verfügung steht. Ich muß also, wenn ich in einem Komposthaufen Rohmaterial mit einem weiten C/N-Verhältnis, wie z. B. Papier, Sägemehl, Stroh, größere Holzteile etc., verwende, dafür sorgen, daß gleichzeitig stickstoffreiches Material in den Haufen mit hineinkommt. Dazu kann ich frische oder getrocknete tierische Dünger der verschiedenen Haustiere verwenden, außerdem die bereits erwähnten Horn-, Knochen- und Blutmehle, Woll-, Haar- und Lederabfälle, Fischabfälle und Rückstände der Ölmühlen, sogenannte Ölpreßrückstände.

Dieses weite C/N-Verhältnis vieler Ausgangsmaterialien im Kompost ist auch der Grund für die Empfehlung, alle im Zusammenhang mit der Haustierhaltung anfallenden Dünger wie z. B. Kaninchen-, Taubenmist etc. über den Komposthaufen zu verarbeiten. Sofern Sie organische Dünger verwenden, sollten Sie darauf achten, daß diese Dünger möglichst frei sind von chromhaltigen Leder- oder Hautmehlen, da Chrom für Pflanzen schädlich sein kann.

Wann ist der Kompost »fertig«?

Wir unterscheiden grundsätzlich zwei Formen des Komposts: den Fertigkompost und den Frisch- oder Rohkompost.

Fertigkompost Damit bezeichnet man Erde, die etwa ein halbes Jahr in einem Komposthaufen (Miete oder Silo) gelegen hat und die dann

Durchgerotteter fertiger Kompost.

95

Der Kompost

anschließend durch ein Kompostsieb gesiebt wird, so daß sie von groben Bestandteilen befreit ist.

Diese sehr feine Erde hat einen sehr hohen Nährstoffgehalt und darf auf keinen Fall direkt als Pflanzerde verwendet werden.

Vor allen Dingen ist sie denkbar ungeeignet zur Anzucht von Jungpflanzen oder aber für Saatkisten. Diese feine fertige Komposterde muß ungefähr zu einem Drittel bis zur Hälfte mit grobem Sand in der Körnung 0/3 vermagert werden. Dies gilt jedoch nur, wenn Sie vorhaben, direkt in diese Erde hineinzupflanzen.

Diese Fertigkomposterde kann ich dann natürlich ohne weiteres auf meine Beete geben oder auf die Baumscheiben von Apfelbäumen und Beerensträuchern. Kompost ist im allgemeinen sehr kalireich, so daß es bei stets mit Kompost versorgten Böden fast nie zu Kalimangel kommt.

Roh- oder Frischkompost   Hier verwendet man das Material bereits dann, wenn es etwa 3–4 Monate nur angerottet und die Ausgangssubstanz noch relativ gut erkennbar ist. Dieses Material eignet sich nun besonders gut als Mulchmaterial (siehe Kapitel »Das Mulchen«, Seite 106). Wenn Sie regelmäßig Rohkompost auf Ihren Boden bringen, müssen Sie damit rechnen, daß die Bodenorganismen den darin enthaltenen

Stickstoff für sich selber brauchen. Er wird nicht für die Pflanze verfügbar gemacht, so daß es zu einer Stickstoffdepression kommen kann. Sie sollten dann mit Hornspänen oder Horngrieß leicht nachdüngen. In diesem Fall reichen 50 g/m² aus, um das Stickstoffangebot für Ihre Pflanzen sicherzustellen.

Gekaufter Kompost   Sie sollten vorsichtig sein, sofern man Ihnen fertige Komposte anbietet. Sehr häufig wird heute Klärschlamm und Stadtmüll kompostiert. Diese Produkte können Sie nur dann verwenden, wenn Sie sicher sein können, daß sie frei von irgendwelchen Schadstoffen sind. Da im allgemeinen Gemeindeverwaltungen jedoch der Kontrolle öffentlicher Instanzen unterliegen, ist die Gefahr, daß Sie sich mit solchen Fertigkomposten Schadstoffe in Ihren Garten holen, relativ gering. Aber, Sie wissen, es gibt keine Regel ohne die berühmte Ausnahme, so daß man durchaus ein wachsames Auge auf diese Produkte haben sollte.

Die Wirkung des Komposts im Boden

Bei Kompost handelt es sich um Humusstoffe. Durch die reichliche Zufuhr von Humusstoffen fördern wir das Bodenleben und dadurch kommt es zu dem, was wir als »Lebendverbauung« des Bodens bezeichnen. Aufgrund dieser reichli-

Unbedeckte
Baumscheibe.

Auflage aus
Roh- oder
Frischkompost.

Der Kompost

chen Versorgung mit Humusstoffen produzieren die Bodenlebewesen sogenannte Klebstoffe, mit deren Hilfe es möglich ist, die Feinbestandteile des Bodens zusammenzukleben, so daß daraus Krümel werden. Wir haben dann das erreicht, was wir als **Krümelstruktur** bezeichnen, und das ist der Idealzustand, den es für einen Boden überhaupt gibt.

Das Wasser

Diese durch den Kompost zugeführten Humusstoffe wirken auch auf die Wasserkapazität des Bodens. Einmal wird nämlich Wasser direkt an die zugegebene organische Substanz des Kompostes ge-

Gut durchwurzelter, humoser Boden.

bunden und zum anderen führt eben diese Zufuhr von Kompost aufgrund der Bodenlockerung zu einer Strukturverbesserung, das heißt, zu einer Vergrößerung der Grob- und Mittelporen, wodurch das Wasser, das als Regen- oder als unser Gießwasser aus der Gießkanne oder dem Gartenschlauch auf den Boden trifft, besser abschließen kann.

Hierbei nur ein ganz kleiner Hinweis: Sie sollten Ihren Garten entweder frühmorgens, wenn die Sonne noch nicht so hoch am Himmel steht oder aber spät abends, wenn sie bereits untergegangen ist, gießen. Die Verdunstungsverluste durch die Sonnenstrahlen sind nämlich sehr hoch, und es kann außerdem durch die Wassertropfen auf den Pflanzen zu einer Brennglaswirkung kommen, so daß ihre Pflanzen von dem vielen Wasser gar nicht den rechten Nutzen haben. Gießen Sie bzw. wässern Sie jedoch frühmorgens oder spätabends, dann wird das Wasser viel besser ausgenutzt. Außerdem sollten Sie lieber einmal am Tag gründlich als mehrmals nur wenig gießen, da auch das für die Pflanzen besser ist. Hierzu gibt es in den Gartenfachgeschäften bereits Schaltuhren, die man in den Wasserkreislauf des Wassersprengers einbauen kann. Es gibt sogar schon Wassersprenger mit einer eingebauten Uhr, so daß Sie den Zeitpunkt Ihrer Wassergabe genau einstellen können.

Der Kompost

Die Durchlüftung

Abgesehen von den positiven Wirkungen auf die Lebendverbauung und die damit verbundenen Strukturverbesserungen des Bodens fördert die Zufuhr von organischer Substanz in Form von Kompost natürlich auch die Durchlüftung, denn durch die mit der biologischen Aktivität einhergehende gute Krümelstruktur kommt es zur Bildung von mehr Grobporen und damit auch zu einer besseren Sauerstoffzufuhr an die Wurzeln der Pflanzen. Außerdem wird das Entweichen des Kohlendioxyds aus dem Wurzelraum erleichtert. Eine Zufuhrkonzentration von Kohlendioxyd im Wurzelraum ist nämlich für die Pflanze äußerst schädlich.

Die Bodentemperatur

Letzten Endes sollte aber nicht vergessen werden, daß es durch die Zufuhr von diesen Humusstoffen in Form von Kompost auch zu einer beträchtlichen Erhöhung der Bodentemperatur kommt. Dies geschieht einmal direkt durch eine bessere Wärmeaufnahmefähigkeit des Bodens, da die Humusstoffe eine dunkle Farbe haben, und zum anderen kommt es zu einer besseren Wärmeversorgung indirekt über die verbesserte Struktur des Bodens. Dadurch ist eine schnellere Ableitung des Überschußwassers im Frühjahr möglich. Und das führt ebenfalls wiederum zu einer schnelleren Erwärmung des Bodens.

Die organische Substanz

Der Einfluß von zugeführter organischer Substanz in Form von Kompost auf die chemischen Bodeneigenschaften eines Bodens ist recht beachtlich.

Die Humusstoffe sind nämlich in der Lage, an ihrer Oberfläche Nährstoffe in austauschbarer Form zu speichern. Diese Fähigkeit ist vor allen Dingen für leichte Böden wichtig, während auf schweren Böden mehr die Durchmischung des Bodens mit Hilfe der Bodenlebewesen von Bedeutung ist. Schließlich liefert die organische Substanz aus dem Kompost und die sich daraus bildenden Humusstoffe Nährstoffe und damit Energie für die Mikroorganismen durch den Abbau von Nährhumus.

Hilfsmittel für die Kompostierung

Wer nur einen kleinen Garten hat, wird niemals das Problem haben, daß er soviel Kompostmaterial hat, daß er nicht weiß wohin damit und möglicherweise zwei oder drei Haufen oder Mieten anlegen sollte. Sofern das jedoch der Fall ist, kann man mehrere Haufen nebeneinander bauen oder mehrere Kompostbehälter füllen. Dabei muß dann jedoch etwas sehr Wichtiges beachtet werden, und zwar die Tatsache, daß eine solche fertig aufgesetzte Kompostmiete (Kompostsilo) abge-

deckt werden muß, damit bei der rasch einsetzenden Erwärmung (bis 80 °C) die freigesetzten Nährstoffe nicht ungehindert in die Luft gehen. Um das zu verhindern, versehe ich meinen Komposthaufen oder auch mein Kompostsilo mit einer **Schutzdecke aus organischem Material.** Für diesen Zweck eignet sich nun wiederum besonders gut Grasschnitt, den ich als Abschluß eines Komposthaufens oder eines Kompostsilos durchaus in einer etwa handbreiten Schicht aufbringen kann. Außerdem kann ich einen solchen Haufen mit Stroh, Laub, Torf und auch mit **gelochter Folie** abdecken. Die Folie muß gelocht sein, um den Luftaustausch zu sichern. Denn, würde ein Haufen mit einer Plastikfolie luftdicht abgedeckt werden, käme es zu einer Fäulnis ohne Luft, wobei dann negative Stoffe, wie Methan, entstehen.

Abfallzerkleinerer
Kompost heißt: das Zusammengesetzte. Daraus ergibt sich eigentlich schon, daß bei Aufsetzung des Haufens eine gleichmäßige Mischung gegenüber dem Aufsetzen in Lagen oder Schichten der Vorzug gegeben werden soll.

Oben: Bedeckung mit Torf.
Mitte: Bedeckung mit gelochter Folie.
Unten: Abfallzerkleinerer mit Elektromotor.

Der Kompost

Eine wesentliche Erleichterung für die Kompostierung sind sogenannte Abfallzerkleinerer, die heute von einer großen Zahl von Herstellern angeboten werden. Hier empfiehlt es sich, ein Gerät auszuprobieren bzw. es sich vorführen zu lassen, um einmal herauszufinden, ob es nicht zu laut ist und, vor allen Dingen, um zu sehen, zu welcher Leistung ein solcher Abfallzerkleinerer wirklich in der Lage ist.

Aufgrund des starken Wettbewerbs gibt es solche Geräte, die für kleine Gärten durchaus ausreichend sind, heute bereits ab 400 DM.

Kompostierung nach der Biologisch-Dynamischen Wirtschaftsweise

Es würde zu weit führen, auf die Einzelheiten dieser Wirtschaftsweise hier genau einzugehen. Sie geht zurück auf Rudolf Steiner und hat ihren Ursprung in dem 1924 in Kobowitz in Schlesien abgehaltenen sogenannten landwirtschaftlichen Kurs. Die Biologisch-Dynamische Wirtschaftsweise geht an alles, was sich in der Natur und auch im Menschen abspielt, vom Standpunkt der Ganzheitlichkeit heran, das heißt, man versucht, die einzel-

Komposthaufen im Gartenamt Linz.

Der Kompost

nen Vorgänge als miteinander in Zusammenhang stehend zu sehen. Diese sehr verkürzte Darstellung wird der Biologisch-Dynamischen Wirtschaftsweise in keinster Weise gerecht. Wer sich näher damit befassen möchte, wende sich z. B. an einen Gartenbaulehrer an einer Waldorf-Schule.

Die Präparate

Bei der Kompostierung nach biologisch-dynamischen Prinzipien werden Präparate verwendet, die in zwei Gruppen unterschieden werden: Es gibt **Spritzpräparate**, von denen eines **auf den Boden**, das andere auf die bereits wachsende **Pflanze** gespritzt wird. Man bezeichnet das Präparat für den Boden als Hornmist oder auch als Präparat 500 und das Präparat für die Pflanze als Hornkiesel oder Präparat 501. Bei dem Hornkiesel macht man sich ganz offensichtlich auch die Tatsache zunutze, daß die Pflanze das im Kiesel enthaltene Silizium in der äußeren Zellwand speichert, so daß es beißenden und saugenden Insekten schwerer fällt, in die Pflanze einzudringen. Das Präparat 500 wird aus Hornmist hergestellt und das Präparat 501 besteht aus gemahlenem Quarz. Bei der Herstellung werden sie verschiedenen Umwelteinflüssen im Winter bzw. auch im Sommer ausgesetzt.

Es gibt dann noch sechs andere Präparate, die aus pflanzlichen Substanzen hergestellt werden und die Nummern 502–507 führen. Diese Präparate werden nun den Komposten und auch anderen Wirtschaftsdüngern, die man in ihrer Wirkung verbessern will, zugesetzt. Die Numerierung stammt aus der Zeit, als die Präparate erstmalig hergestellt wurden und haben sonst keinerlei weitere Bedeutung. Das Besondere an den Präparaten ist, daß sie in feinster Dosierung angewendet werden und daß von ihnen eine »dynamische« Wirkung ausgeht. Die Wirkung ist sehr schwer mit den heute üblichen Analysemethoden nachzuweisen, allerdings in der Praxis ist die Wirkung dieser Präparate doch sichtbar und vor allen Dingen wirkt sich die Bearbeitung eines Komposthaufens mit diesen Präparaten sehr positiv auf dessen Entwicklung aus.

Präparierter, abgedeckter Kompost.

Schafgarbe, *Achillea millefolium*.

Kamille, *Chamomilla officinale*.

Die Herstellung der einzelnen Präparate wird sehr sorgfältig durchgeführt, vor allen Dingen wird auf die Auswahl der Grundsubstanzen sehr viel Sorgfalt verwendet. Nach den bereits besprochenen Präparaten 500 und 501 handelt es sich bei den folgenden Präparaten im einzelnen um folgende Bestandteile: Nr. 502 aus der Blüte der Schafgarbe *(Achillea millefolium)*, Nr. 503 aus den Blüten der Kamille *(Matricaria chamomilla)*, Nr. 504 aus dem ganzen Sproß der Brennessel, wenn die Pflanze in voller Blüte steht *(Urtica dioica)*, Nr. 505 aus Eichenrinde von *Quercus robur*, Nr. 506 aus den Blüten des Löwenzahns *(Taraxacum officinale)*, Nr. 507 aus den Blütenständen des Baldrian *(Valeriana officinale)*.

Brennessel, *Urtica dioica*.

Wer sich für die Präparate im einzelnen interessiert, wird an den Forschungsring für Biologisch-Dynamische Wirtschaftsweise in Darmstadt verwiesen.

Löwenzahn, *Taraxacum officinale*.

Der Kompost

Baldrian, *Valeriana officinale.*

senen Rohr, schräg nach unten ein Loch bis in ungefähr 50 cm Tiefe. Auf den Grund dieses Loches wird nun ein gestrichener Teelöffel des Präparates eingebracht. Lediglich von dem Brennesselpräparat wird bis zum vier- bis fünffachen des gestrichenen Teelöffels verwendet. Man kann auch die Präparate so einbringen, daß man sie in eine Handvoll Komposterde einarbeitet, daraus eine kleine Kugel bildet und diesen Ball dann in die Öffnung hineinstößt. Das Loch wird mit Komposterde aufgefüllt und dann verschlossen. Von dem Baldrianpräparat werden zum Abschluß pro präpariertem Haufen ungefähr 1–2 cm^3 in 5 l handwarmem Wasser verrührt und dann mittels Kanne und Brause auf der Oberfläche des Haufens verteilt. Dieses Verfahren wird z. B. in dem Gartenamt der Stadt Linz seit 30 Jahren mit Erfolg angewendet.

In einer Kompostmiete wird nun ein Satz der Präparate 502–507 so eingebracht, so daß die einzelnen Präparate in dem Haufen ungefähr in einem Abstand von 2 m voneinander eingebracht werden. Dazu stößt man in halber Höhe des Haufens mit einem Holz oder Eisen, oder auch mit einem nach unten abgeschlos-

Die Präparate werden nach diesem Schema in den Kompost gegeben.

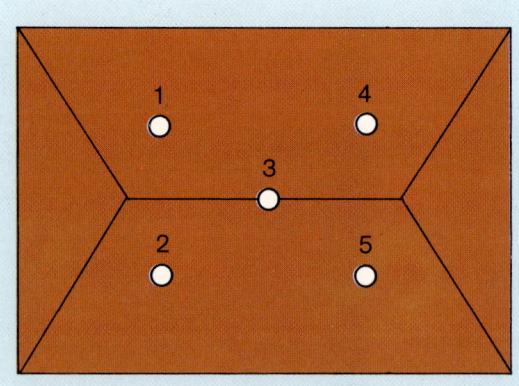

1 Schafgarbe
2 Kamille
3 Brennessel
4 Löwenzahn
5 Eichenrinde

Der Kompost

Die Grünflächen der Stadt sind gesund. Mit Rinde und Kompost wird intensiv gemulcht. Gesteinsmehl, Oscorna-Dünger und Stallmist werden in geringen Mengen zugekauft. Die Anwendung der Präparate im Haufen entnehmen Sie bitte der Zeichnung Seite 104.

Für die Kompostierung gilt dasselbe, was für die Pflege eines Gartens gilt: Es gibt keine sogenannte beste Methode, sondern es gibt immer nur eine Methode für eine ganz bestimmte Lage, für die persönlichen Verhältnisse, für die verfügbare Zeit, für die Kräfte, die Erfahrungen, die verschiedenartigen Interessen des Gartenbesitzers. Alle diese verschiedenen Dinge zusammen entscheiden schließlich darüber, ob der Gartenbesitzer eine große sogenannte Wandermiete anlegt, ob er sich einen »unordentlichen« Komposthaufen leistet oder ob er schön sauber und gepflegt mit Kompostsilos sein Abfallproblem im Garten löst.

Bei der Kompostierung muß man einfach seine eigenen Erfahrungen machen. Empfehlungen anderer Gartenbesitzer sollten Sie prüfen, denn was bei dem einen richtig, kann bei dem anderen falsch sein. Man muß es eben ausprobieren, um dann festzustellen, daß man mit der eigenen Methode seinem Garten zu einer sehr großen Fruchtbarkeit verhilft, daß sich plötzlich Vögel in großer Zahl im Garten tummeln, da der Tisch stets reich gedeckt ist, und daß vor allen Dingen die Pflanzen sich für reichliche Kompostgaben mit kraftstrotzender Gesundheit bedanken. Denn hier gilt der alte Spruch: Gesunder Boden – gesunde Pflanze.

Erdbeeren danken Kompostdüngung mit Aroma und Gesundheit.

Das Mulchen

Das Wort stammt vom niederdeutschen Wort »Mölsch« ab, was eine lockere Decke aus organischem Material über dem Boden bedeutet. Das Verfahren ist einfach und für jeden Boden, für jede Vegetation und für jeden Klimabereich geeignet. Es hat sich besonders im Gartenbau bei Spezialkulturen, wie z. B. dem Weinbau und Obstbau, bewährt. Aufgrund der positiven Erfahrungen, die man mit dem Mulchen gemacht hat, wird es heute auch in vielen Stadtgartenämtern mit Erfolg angewendet. Im Hausgarten ist es die Methode, um dem Boden eine ideale Krümelstruktur zu geben.

Mulchmaterial

Grundsätzlich sind die gleichen Stoffe geeignet, wie wir sie auch bei der Kompostierung verwenden, das heißt, alles kohlenstoffhaltige, organische Material. Also Sägespäne, Holzschnitzel, Nadelholzrinde, Stroh, Heu, Gras, Laub, Rohkompost.

Während wir im Kompost keine Kunststoffe lieben, kann ich als Mulchverfahren im Garten den Boden auch mit einer Kunststoffolie abdecken. Sie sind als »Mulchfolien« im Fachhandel zu haben. Folien mit Metallbeschichtung sollten nicht verwendet werden.

Rindenmulch bei Rosen im Botanischen Garten Berlin.

Das Mulchen

Mulchmaterial

Zum Mulchen, das heißt, zur Bedeckung des Bodens, sind folgende Materialien geeignet:

- Unkrautfreier grober Kompost

- altes Heu

- gehächseltes Stroh

- Blätter aller Art – am besten zerkleinert

- Brennessel – alle Arten

- kleingeschnittenes Papier, z. B. aus Aktenvernichtern (ohne Glanzpapier); muß beschwert werden, da sonst Verwehung

- Grasschnitt vom Rasen

- Nadelholzrinden

- Holzschnitzel, z. B. vom Baum- und Heckenschnitt

- Mit alten Brettern wird selbst das hartnäckigste Unkraut erstickt. Überall dort auslegen, wo sich das Unkraut breitmacht; die Pflanzen sterben wegen Lichtmangel ab

Saatbett, mit grobem Kompost gemulcht.

Welche Vorteile bietet das Mulchen?

1. Erhaltung der **Bodenfeuchtigkeit**, da die Verdunstung des Wassers aus dem Boden eingeschränkt ist.

2. **Erosionsverhinderung**, da der Regen den Boden nicht mehr direkt trifft, sondern die zerschlagende Kraft des Regens durch die Mulchdecke gemildert wird. Dadurch wird eine Verschlämmung des Bodens vermieden. Sie ist eine der Ursachen der Wassererosion. Außerdem wird die Austrocknung des Bodens eingeschränkt, wodurch eine wesentliche Ursache der Winderosion beseitigt wird.

Nadelholzrinde zur Ablagerung im Gartenamt Berlin-Spandau.

3. Durch die ständige Bodenbedekkung wird »Unkraut« im Wuchs stark gehindert bzw. bei Verwendung von Nadelholzrinde als Mulchmaterial völlig unterdrückt. Die Bodenbedeckung läßt kaum Licht an die keimenden Unkrautsamen. Sie werden dadurch in ihrer Entwicklung behindert. Die Nadelholzrinde setzt bei dem langsamen Verrottungsvorgang auf dem Boden laufend Gerbstoffe frei. Diese Gerbstoffe haben eine leichte herbizide Wirkung, das heißt, sie hemmen das »Unkraut« durch die Gerbsäure am Keimen. Deshalb darf man Jungpflanzen aller Art nicht mit Nadelholzrinde mulchen. Älteren Pflanzen schadet die in geringer Menge freiwerdende Gerbsäure jedoch nicht.

Durch Mulch lassen sich die Kosten für die »Unkrautbekämpfung« bei Gartenämtern, Gemüsekulturen, Baumschulen und Privatgärten erheblich reduzieren.

4. Da die Sonne, der Regen und der Wind einen von einer Mulchschicht bedeckten Boden nicht mehr unmittelbar und direkt treffen, werden extreme **Temperaturschwankungen** im und auf dem Boden vermieden. Dadurch kommt es im Boden und in den bodennahen Luftschichten zu einem Temperaturausgleich. Das ist wiederum von Vorteil für die Entwicklung der Pflanzen.

5. Bei der Verrottung der den Boden bedeckenden organischen Substanz werden laufend Pflanzennährstoffe nachgeliefert. Be-

Das Mulchen

reits vorhandene Nährelemente werden durch Humusanreicherung und der Bildung von Ton-Humus-Komplexen besser festgehalten. Sie werden dadurch vor Auswaschung oder Abspülung bewahrt. Dadurch wird die Eutrophierung (Überernährung) des Grundwassers und des Oberflächenwassers (Bäche, Flüsse, Seen) verringert.

Das Mulchen ist praktisch eine Form der Flächenkompostierung. Statt daß sich das organische Material in einem Kompost-Haufen umsetzt, wird beim Mulchen dieser Rottevorgang auf eine größere Fläche verteilt.

Was ist beim Mulchen zu beachten?

Bei einem Komposthaufen verhindere ich die Abgabe des bei der Verrottung entstehenden Ammoniaks dadurch, daß ich den Haufen abdecke. Das wäre beim Mulchen nun gewissermaßen eine »Decke auf der Decke«, also Schutz der Bodendecke, die den Boden schützt. Solch eine Maßnahme wäre Unsinn, und deshalb muß ich beim Mulchen im Garten bestimmte Dinge beachten.

Eine ständige Bodenbedeckung aus organischem Material fördert das Bodenleben. Diese Lebewesen verarbeiten die auf dem Boden liegenden Stoffe. Dabei wird Stickstoff aus dem Mulchmaterial freigesetzt. Diesen Stickstoff lassen die Boden-

tiere nun aber nicht so einfach an die Pflanzen heran. Die Bodentiere halten den freigesetzten Stickstoff nämlich fest und bauen damit ihren eigenen Körperbau auf.

Wenn ich nun z. B. mit Stroh meinen Garten gemulcht habe, kann es mir passieren, daß aufgrund des weiteren C/N-Verhältnisses von Stroh (je nach Getreideart 80–100 : 1) die Bodentiere sehr viel Energie benötigen, um das Stroh zu verarbeiten, und dafür den freigesetzten Stickstoff aufbrauchen, so daß für die Pflanzen wenig verfügbar ist. Ich sollte daher auf meine Mulchdecke,

Strohmulch unter Erdbeeren.

Hier ist das Mulchmaterial Heu.

Das Mulchen

egal aus welchem Material sie auch besteht, im Abstand von etwa 4 Wochen etwas leicht abbaubaren Stickstoff geben. Dazu verwende ich je m² 50 g Hornmehl oder Horngrieß. Hornspäne wirken nicht schnell genug. Auch ein mineralischer Stickstoffdünger kann selbstverständlich verwendet werden. Dabei reduziere ich die empfohlene Aufwandmenge auf ein Drittel. Wenn ich im Frühjahr im Gemüsegarten mein Saatbeet bereite, muß ich das Mulchmaterial natürlich abräumen. Dann kommt es auf den Kompost. Nach Aussaat decke ich das Saatbeet mit einer dünnen Schicht fertiger Einheitserde ab. Auch Torf ist hier erlaubt. Auch die Mulchfolie ist angebracht, allerdings verwende ich sie erst dann, wenn die Pflanzen schon etwas größer sind, so daß ich in die Folie Löcher machen kann, durch die meine Pflanzen den Kopf stecken können. Ich erreiche durch die Verwendung von Folie ferner eine weitgehende Verringerung der Infektion bodennaher Früchte, wie z. B. Erdbeeren, durch im Boden enthaltene Keime. Außerdem lassen sich die Früchte besser und sauberer ernten. Der Grundgedanke des Mulchens ist die Tatsache, daß sich das Bodenleben in einem Boden optimal entwickelt, der unter dem ständigen Schutz einer Humusschicht oder einer Pflanzendecke liegt. Mulchen ist daher mit der Gründüngung verwandt.

Die Gründüngung

»Das ist was für den Bauern, aber doch nicht für meinen kleinen Garten«, so hört man es manchmal von Gartenbesitzern, und selbst Fachberater der Gartenvereine können sich nicht vorstellen, daß man auch auf kleinen Flächen die vielen Vorteile der Gründüngung nutzen kann. Es ist zwar grundsätzlich richtig, daß der Begriff aus der Landwirtschaft stammt. Da ist er schon sehr alt, um nicht zu sagen uralt. Dazu ein Zitat: »Alle sind sich darüber einig, daß nichts vorteilhafter sei als die Saat der Lupine und zwar ehe sie Hülsen bildet, wenn man sie mit dem Pflug oder einer Hacke untergräbt oder einige Büschel davon abgeschnitten an den Wurzeln von Bäumen und Weinstöcken unter die Erde bringt. Das düngt so gut wie Mist« (Plinius, 79 n. Chr.).

Auch im Garten ist Gründüngung mit Leguminosen (Klee) sinnvoll.

Die Gründüngung

Gründüngung ist also eine alte Praxis der Bodenverbesserung. Man versteht darunter den Anbau bestimmter Pflanzen, die nur zum Zweck der späteren Einarbeitung in den Boden angebaut werden.

> Gründüngung heißt also, noch nicht abgestorbene grüne Pflanzenteile, die Wasser, Stärke, Stickstoff, Zucker und Eiweiß enthalten und zum großen Teil noch wenig verholzt sind, in den Boden einzuarbeiten.

Dazu gehört auch die Abtötung der noch lebenden Pflanzenwurzeln bei der Einarbeitung der Grünmasse in den Boden.

Hier liegt nun der große Unterschied zum Mulchverfahren, wo ich den Boden ja mit bereits abgestorbener organischer Substanz bedecke und von den Bodentieren verarbeiten lasse und zum Teil auch selber leicht in die Oberfläche einarbeite.

Die Grenzen zwischen Gründüngung und Mulchverfahren sind fließend. Wenn ich z.B. im Herbst auf meine von Gemüse abgeernteten Flächen zum Schutz des Bodens Senf einsäe und ihn nach dem Auflaufen einigen Wochen später in den Boden einarbeite, so ist das eine Gründüngung. Lasse ich den Senf jedoch über den Winter stehen, so daß er abfriert und den Boden mit einem feinen Netz überzieht und damit den Boden schützt, so ist

das im Frühjahr keine Gründüngung mehr, sondern Mulchmaterial.

Gemessen an den vorherigen Begriffsbestimmungen wird es in einem Hausgarten nicht so häufig zu der klassischen Form der Gründüngung kommen, es sei denn, man hat die Chance, bisher nicht für Gartenzwecke genutztes Land zu kultivieren. Das ist z.B. nach dem Bau eines Hauses der Fall, wo der Boden um das Haus verdichtet ist. In einem solchen Fall kann ich mir die vielen Vorteile der Gründüngung zu Nutzen machen, muß aber zuvor einige grundsätzliche Dinge beachten.

Gelbe Lupine als Vorkultur.

Die Gründüngung

Vorteile der Gründüngung
(verändert nach Kahnt)

- Stickstoffanreicherung

- Humusanreicherung

- Verbesserung der Wasserversorgung

- Verringerung der Auswaschung von Pflanzennährstoffen wie Stickstoff, Calcium und Kali

- Bodenbefestigung, dadurch Erosionsschutz

- Bodenbeschattung (Bodenbedeckung), Ausgleich von Temperaturextremen

- Verbesserung der Bodenkrümelung

- Bodenlockerung

- Schädlingsbekämpfung, z. B. Nematodenreduzierung

- Höherer Ertrag der auf die Gründüngung folgenden Pflanzen; geringerer Stickstoffaufwand bei Leguminosen als Vorfrucht; leichtere Bodenbearbeitung; weniger chemischer Pflanzenschutz

Welche Pflanzen sind geeignet?

Wir kennen zwei Gruppen von Pflanzen, die für die Gründüngung in Frage kommen und zwar die sogenannten **Leguminosen** und die **Nichtleguminosen**.
Innerhalb dieser beiden großen Gruppen ist die Zahl der Pflanzenarten, die für eine Gründüngung verwendet werden können, sehr groß.
Leguminosen sind Pflanzen, die in der Lage sind, den in der uns umgebenden Luft zu 78% enthaltenen Stickstoff (N) mit Hilfe der an den Wurzeln lebenden Bakterien festzuhalten. Diese Bakterien heißen Knöllchenbakterien und bilden mit den Leguminosen eine Lebensgemeinschaft (Symbiose), in der der eine Partner vom anderen profitiert. Die Pflanze leitet über den Vorgang der Photosynthese Stickstoff in den Wurzelraum, und die Knöllchenbakterien halten ihn dort fest. Das ist anhand von Verdickungen sichtbar. Wenn diese Bakterien, die nur eine begrenzte Lebenszeit haben, nun absterben, wird der in ihnen gebundene Stickstoff frei und dient der nachfolgenden Pflanzenart als Nahrung. Dieser Prozeß wird natürlich auch ausgelöst, wenn die oberirdischen Teile der Leguminosen absterben und dadurch die »Lebensgemeinschaft« mit den Bakterien gestört wird.
Die Menge des auf diese Weise in den Boden zu bringenden Stick-

Gründüngungspflanzen für Hausgärten

Name	Aussaatzeit	Saatgut je 10 m² Menge in g
Lupinus albus, Weiße Lupine	April bis Mai	200–220
Lupinus angustifolius, Blaue Lupine	April bis Mai	150–180
Lupinus luteus, Gelbe Lupine	April bis Mai und Anfang August	100–120
verschiedene Kleearten	April bis Mai	20–30
Phacelia	April bis Anfang September	20–50
Senf	bis Mitte August	20–30
Speiseerbse	sobald kein Frost mehr im Boden	100–120
Platterbse	April/Anfang Mai	100–150
Ölrettich	fast das ganze Jahr über	25–50
Sonnenblume	bis Ende Juli	50

Grad der Boden-bedeckung	Unkraut-unter-drückung	Wurzeltiefe in cm	Bemerkungen
sehr gut	sehr gut	150–200	sehr schnelles Wachsen
sehr gut bis gut	sehr gut	150–200	schnelles Wachsen
mäßig	mäßig	150–200	langsames Wachsen
je nach Kleesorte Gelbklee = schwach Erdklee = mittel Weißklee = gut	schwach bis mittel	von 80 cm bis zu 200 cm	langsame Ent-wicklung, z.T. winterhart
sehr gut	sehr gut	je nach Boden-art verschieden, aber flach	läuft sehr schnell auf
sehr gut	sehr gut	80–150	ideal für alle offenen Stellen im Garten
gut	gut	80–150	langsame Entwicklung
gut	gut	80–150	trittfest
gut	gut	80–150	schnelle Entwicklung
schwach	schwach	150–200	sehr schnelle Entwicklung

Die Gründüngung

Knöllchenbakterien an den Wurzeln.

nicht fehlen, zumal sie auch Stickstoffsammler sind.
Bei der Anwendung von Lupinen muß ich jedoch wissen, welchen pH-Wert mein Boden hat, damit ich die richtige Lupinenart aussäe.

Für die verschiedenen Lupinen gelten folgende Regeln:
Weiße Lupine: gedeiht auch auf Kalkböden (pH über 7). Sie wächst schnell und ist daher auch schnell bodendeckend.
Blaue Lupine: wächst auf besseren Böden mit einem nur leicht sauren Boden (pH 6,5–6). Da sie schmalere Blätter hat, ist die bodendeckende Wirkung nicht so gut.
Gelbe Lupine: wächst auf sauren, sandigen Böden (pH unter 6). Die Wasserversorgung muß gesichert sein.

stoffs kann 2,5–3,5 kg je 100 m² betragen. Das ist im Vergleich zu den Stickstoffdüngern, von denen wir 100–150 g/m² streuen, sehr viel. Vor allem deshalb, weil dieser von Knöllchenbakterien beschaffte Stickstoff weitgehend gegen Auswaschung geschützt ist.
Es ist aber nicht nur der Effekt des Stickstoffsammelns, weshalb ich Leguminosen anwende. Ein wesentliches Element ist die Fähigkeit einiger Leguminosen, mit ihren Wurzeln bis zu 2 m tief in den Boden einzudringen und dabei Bodenverdichtungen zu beseitigen. Dafür eignen sich besonders Lupinen und Ackerbohnen. Aber auch unsere Gemüsebohnen sind Tiefwurzler und sollten daher in einem Gemüsegarten

Bevor man Leguminosen aussät, sollte man das Saatgut mit den Knöllchenbakterien impfen, da sie nicht automatisch auf allen Böden vorhanden sind. Um den Stoffwechselprozeß der Stickstoffbindung anzukurbeln, sollte man außerdem den Boden eventuell mit etwas leicht löslichem Stickstoff anreichern. Im Hausgarten wäre dafür Hornmehl mit 50 g/m² geeignet.

Leguminosen stellen das Sammeln von Stickstoff aus der Luft jedoch ein, wenn zu viel Mineraldünger verabreicht wird.

Die Gründüngung

Bodenansprüche der Gründüngungspflanzen

Pflanze	Bodenansprüche	Bodenreaktion (pH)
Weiße Lupine	leichte bis mittlere Böden	sauer bis niedriger Kalkgehalt
Gelbe Lupine	sehr leichte bis mittelschwere Böden	stark sauer bis schwach sauer
Blaue Lupine	sehr leichte bis mittelschwere Böden	sauer bis schwach sauer
Kleearten, verschiedene	leichte bis schwere Böden	sauer bis kalkhaltig
Phacelia	sehr leichte bis mittelschwere Böden	stark sauer bis hoher Kalkgehalt
Senf	leichte bis schwere Böden	sauer bis hoher Kalkgehalt
Speiseerbsen	mittel bis schwere Böden	sauer bis hoher Kalkgehalt
Platterbse	auf allen Böden	sauer bis kalkig
Ölrettich	auf allen Böden	sehr sauer bis mäßig kalkig
Sonnenblume	auf allen Böden	sauer bis hoher Kalkbedarf

Vogelmiere bildet dichte Rasen und ist als Flachwurzler keine Konkurrenz zu Kulturpflanzen.

Sommerblumen gegen Nematoden.

Der Stickstoffbindeeffekt wird dann bei den Knöllchenbakterien gar nicht erst ausgelöst, was mit dem Stoffwechsel dieser Bakterien zusammenhängt. Dadurch ginge ein großer Vorteil der Leguminosenaussaat verloren!

Beinige Möhren durch Nematoden.

Während Leguminosen also Stickstoff binden können, ist den Nichtleguminosen diese Fähigkeit nicht gegeben. Aber unsere Gründüngungspflanzen haben noch andere Vorteile. Sie bilden alle viel Wurzelmasse und fördern dadurch den Humusgehalt eines Bodens. Durch den dichten oberirdischen Wuchs sind sie ein idealer Bodenschutz gegen Erosion. Einige Gründüngungspflanzen kann man gegen Nematoden (Bödenälchen, die Pflanzen schädigen) einsetzen und damit Schädlingsbekämpfung betreiben. Auch die Bekämpfung bestimmter Krankheiten, die unsere Pflanzen befallen können, ist mit Hilfe von Gründüngungspflanzen möglich. Dazu ist es allerdings erforderlich, daß Gründüngung noch zu einer Zeit in den Boden eingearbeitet wird, in der noch ein intensives Bodenleben herrscht, so daß die Krankheitskeime von ihren Gegenspielern im Boden vernichtet werden.
Auch eine gewisse Toleranz gegenüber »Unkraut« kann für die Bekämpfung von Pflanzenkrankheiten von Vorteil sein. So hat sich z. B. bei Leinwelke ein Besatz von weißem Gänsefuß (Chenopodium album), Vogelmiere (Stellaria media) und Hirtentäschel (Capsella bursapastoris) als krankheitsvermindernd erwiesen. Für den Hausgarten sind nicht alle Gründüngungspflanzen, die in der Landwirtschaft eingesetzt werden, geeignet, da man in den

Die Gründüngung

seltensten Fällen den gesamten Garten damit einsäen kann.

Die am besten geeigneten Gründüngungspflanzen mit den erforderlichen Saatgutmengen, Saatzeiten und Nebenwirkungen entnehmen Sie bitte der Tabelle auf Seite 114. Die Vorteile, die eine Gründüngung bietet, haben wir für Sie in der Tabelle Seite 113 zusammengestellt. Außerdem finden Sie in Tabelle Seite 117 eine Übersicht über die Bodenansprüche, die verschiedene Gründüngungspflanzen haben. Kompostierung, Mulchverfahren und Gründüngung stehen miteinander in einem engen Zusammenhang. Die Gründüngung wird nach einiger Zeit Bestandteil des Mulchverfahrens und die von den Gründüngungspflanzen produzierten oberirdischen Pflanzenteile dienen zum Teil als Grundlage für einen Kompost. Außerdem führt die intensive Durchwurzelung des Bodens durch Gründüngungspflanzen nicht nur zu Bodenlockerung und den im Zusammenhang mit einer Strukturverbesserung stehenden positiven Aspekten sondern auch durch die großen Wurzelmassen zu einer Anreicherung des Humusgehaltes.

Anwendung verschiedener Pflanzenarten zur Gründüngung

Aussaaten	Nicht winterharte Pflanzen	Winterharte Pflanzen
Ab Frühjahr	Sommerrüben, (Raps), Ackerbohnen, Senf, Perser- und Alexandrinerklee, Kresse	Mattenklee, Gelb- und Weißklee, Wicke, Süßlupine
Bis Ende Juli	Grünmais, Ackerbohnen	Süßlupine
bis ~ 25. Aug.	Erbsen-Wicken-Gemenge, Hafer, Sommerwicken, Westerwoildsches Raigras	Mattenklee, Gelb- und Weißklee
bis ~ 10. Sept.	Alexandrinerklee, Hafer, Perserklee	Winterrüben, Ital. Raigras, Zottelwicke, Inkarnatklee
Spätsaaten	bis Ende September: Senf, Kresse (zudecken), gute Bodengare	Oktober bis Dezember: Roggen
Pionierpflanzen:	Senf – billig, kurze Keim- und Kulturzeit. *Phacelia* ab März/Anfang April; erträgt Fröste bis −7°C; Schottenklee, Esparsette, Bastardklee, Lupine auf Neuland.	
Zu beachten:	Rüben, Raps, Ölrettich nicht zu Kohlarten (Kohlhernie)! Gelbsenf nicht vor Kohlarten.	

Gesteinsmehle

»Steinmehl und Mist, des Bauern List«, so ist in einer alten Zeitungsnotiz aus dem Jahre 1897 zu lesen. Es ist daher anzunehmen, daß die Verwendung von Steinmehlen schon lange bekannt war. Und im Grunde genommen ist ja die Anwendung von Kalk und Mergel auch eine Gesteinsmehldüngung, denn es sind schließlich Sedimentgesteine, aus denen sie gewonnen werden.

Kalk und Mergel werden schon von Plinius um 70 n Chr. erwähnt. Im Jahre 864 beanstandet Karl der Kahle, daß die Bauern keinen Mergel mehr fahren wollen. Im 14. Jahrhundert gab es im Elsaß Mergelgruben, die Allgemeinbesitz waren und deren Benutzung gegen Entgelt möglich war.

Auch im anderen Gegenden, wie z. B. am Harz, war Mergeln eine bekannte Maßnahme zur Bodenverbesserung. Man hat sicherlich bereits jahrhundertelang auch andere Gesteinsmehle zur Bodenverbesserung verwendet, wobei man lediglich die positive Wirkung feststellte, ohne zu wissen, warum die verschiedenen Materialien so wirkten. Außer der Wirkung von Kalk und Mergel, zwei Sedimentgesteinen, sind auch noch die guten Wirkungen anderer Gesteinsmehle bekannt geworden: dem Basaltmehl, den Granitmehlen und den guten Wirkungen der Tonminerale. Wir hatten schon an anderer Stelle festgestellt, daß der Basalt ein basisches Gestein ist, während der Granit ein saures Gestein ist. Die Tonminerale wirken aufgrund ihres relativ hohen Calciumgehalts ebenfalls basisch, das heißt, pH erhöhend.

Die Unterschiede zwischen dem Basalt und dem Granit sind schon beachtlich, wie aus der folgenden Aufstellung hervorgeht:

Basalt, Gehalte in %:
Quarz: weniger als 1
Silicium: 20–25
Calcium: 10–15
Magnesium: 10–15
Kalium: weniger als 1
Farbe: dunkel

Granit, Gehalte in %:
Quarz: 20–30
Silicium: 30–35
Calcium: 2–8
Magnesium: 2–8
Kalium: 4–6
Farbe: hell

An diesen Werten wird deutlich, daß es sich um zwei vollkommen verschiedene Produkte handelt, und dennoch kaufen viele Gartenbesitzer einfach ein sogenanntes **Urgesteinsmehl**, ohne manchesmal genau zu wissen, was in dem Gesteinsmehl alles enthalten ist. Den Begriff des Urgesteinsmehls gibt es in der gesamten Fachliteratur der Bodenkunde nicht. Er muß vor vielen Jahren einmal von jemandem erfunden worden sein, der in das natürlichste Produkt unserer Erde,

Verschiedene Gesteinsmehle: Kalkmergel, Tonmineral, Dolomitkalk, Basaltmehl.

nämlich die Gesteine, noch geheime Kräfte hineinlegen wollte. Selbst wenn man den Begriff verwenden sollte, so wäre er sehr ungenau und man wüßte nie, von welchem Gesteinsmehl nun gerade die Rede ist. Denn eines muß man sich vor Augen halten: daß sich auch die einzelnen Basalt- und Granitvorkommen der Welt in ihrer chemischen Zusammensetzung erheblich voneinander unterscheiden können, wenn auch die Grundstruktur erhalten bleibt.

An unserer Gegenüberstellung der verschiedenen Inhaltsstoffe haben wir gesehen, daß Granit und Basalt sich erheblich voneinander unterscheiden.

Während Granit reich an Silicium, jedoch arm an Calcium und Magnesium ist, hat Basalt einen hohen Gehalt an letzteren Stoffen. Granit ist reich an Quarz, während Basalt fast gar kein Quarz enthält. Wenn ich

nun auf einem leichten Sandboden, der schon ausreichend mit Silicium versorgt ist, noch zusätzlich mit Granitgestein arbeite, so trage ich Eulen nach Athen und tue meinem Boden nicht unbedingt einen Gefallen, da es auch zu einer Überversorgung mit Silicium kommen kann. In einem solchen Fall wäre daher Basaltgestein angebracht, das ja kaum Silicium enthält, dafür aber reich an Calcium und Magnesium ist. Andererseits enthält es kein Kali, so daß ich auf solch leichtem Boden Kali nachdüngen muß.

Da die Freisetzung des Kali jedoch auch bei Granitgestein sehr langsam erfolgt, kann man den Kalianteil bei Granit unberücksichtigt lassen. Auch die Freisetzung der sonst noch in »Gesteinsmehlen« enthaltenen Elemente erfolgt sehr, sehr langsam. Die Düngewirkung, das heißt, der direkte Einfluß auf die Ernährung der Pflanze ist sehr gering,

Gesteinsmehle

Gartenboden ohne ...

... und mit Gesteinsmehl.

und doch ist bei der Anwendung der verschiedenen Gesteinsmehle eine positive Wirkung auf den Boden und die Pflanzen festzustellen. Dabei sind in der Literatur mehr Angaben über die Verwendung von Basalt als von Granit vorhanden. Die positive Wirkung des Basalts scheint in erster Linie auf die bessere Durchwärmung des Bodens mit allen bekannten positiven Aspekten zurückzuführen sein, was mit der dunklen Farbe des Basalts zusammenhängt. Außerdem ist Basalt, wie fast alle fein gemahlenen Gesteine, reich an Spurenelementen, über deren Notwendigkeit wir zwar einiges wissen, die jedoch noch nicht genau genug erforscht sind, um absolute Aussagen zu machen.

Basalt und Granit verwittern sehr schwer, so daß die in ihnen enthaltenen Elemente auch nur sehr schwer freigesetzt werden. Durch eine Vermahlung und der damit verbundenen Oberflächenvergrößerung wird dieser Lösungsvorgang zwar etwas beschleunigt, aber die Wirkung solcher Gesteinsmehle darf nicht überschätzt werden. Man sollte sie zur Unterstützung der anderen Maßnahmen der Bodenpflege einsetzen.

Basaltmehl hat sich vor allem bei Kartoffeln, Erdbeeren, Obstbäumen und allen Arten von Beerenobst bewährt. Man sollte es in geringen Mengen von 100–150 g/m^2 nur einmal im Jahr anwenden. Auch als Einstreu zu Kompost oder in die Stallungen der Haustiere hat es sich bewährt, da es Gerüche bindet. Granitgesteine in Form von Grus oder Mehl kann ich nun recht vorteilhaft in großen Mengen auf schweren Böden einsetzen, die eine bessere Durchlüftung und Wasserführung benötigen. Sofern man gut mit Calcium und Magnesium versorgte Böden hat, sollte man dort kein Basaltmehl einsetzen, da das ebenfalls zur Überversorgung führt. Am besten lassen Sie sich eine Bodenuntersuchung machen und vergleichen die Werte Ihrer Analyse mit den Werten des Gesteinsmehls, das Sie zu verarbeiten vorhaben. Dann können Sie nichts falsch machen. Sehr gute Erfolge erzielt man auch mit einem anderen Gesteinsmehl, und zwar mit den **Tonmineralien**. Hier sind es in erster Linie die **Bentonite** oder auch Montmorillonite genannt, deren Namen von den beiden Fundstellen abgeleitet ist. Fort Benton liegt in Amerika und der Ort Montmorillemont in Frankreich. Die beiden Begriffe stehen für ein und dasselbe Material, nämlich einem mit großem Quellvermögen ausgestatteten Tonmineral. 1 g kann 20 g Wasser binden, und so ist es nicht verwunderlich, daß Bentonit zur Verbesserung der Wasserhaltekraft von Böden eingesetzt wird. Da die Bodenbewohner das feuchte Milieu lieben, vermehren sie sich besonders stark nach Zugabe des Bentonits, und zwar um bis zu 200%. Bentonit verbessert durch die erhöhte biologische Aktivität den Garezustand des Bodens und steigert damit die Bodenfruchtbarkeit. Eine der wichtigsten Eigenschaften von Bentonit ist seine Fähigkeit, die verschiedenen Ionen der Nährstoffe

Tonminerale und Dolomitkalk wirken sehr positiv auf Boden und Pflanzen.

festzuhalten und bei Bedarf an die Pflanzen wieder abzugeben. Dadurch verringert Bentonit ganz erheblich die Auswaschverluste, vor allem auf leichten Sandböden. Hier können bis zu 60% der Mineraldünger, vor allem der Stickstoff, ausgewaschen werden. Da diese gelösten Salze schließlich in das Grundwasser geraten, kann die Auswaschungsrate mit Hilfe von Bentonit stark verringert werden. Außerdem wirkt es auf Grund seines relativ hohen Calciumgehaltes als Puffer für die Bodensäuren, was zu einer pH-Wert-Erhöhung führt. Folgende Mengen Bentonit werden verabreicht:

Leichte Böden: 150 g/m²
Mittlere Böden: 100 g/m²
Schwere Böden: 50 g/m²

Schlusswort

Die Bodenbearbeitung, die Wahl
des Düngers, die richtige Art der
Kompostierung und der schonende
Einsatz von Pflanzenschutzmitteln
sind die Voraussetzung für einen
gesunden Gartenboden. Wer einen
gesunden Boden hat, hat auch gesunde Pflanzen mit gesunden und
wohlschmeckenden Früchten. Damit erweist der Gartenbesitzer sich
und seiner Familie den größten
Dienst und hat außerdem noch die
Genugtuung, in seinem Garten
einen wirksamen Beitrag zum Umweltschutz geleistet zu haben.

Gesunder Boden und gesunde Pflanzen im elterlichen Garten des Verfassers. Es wird nur mit
Kompost und Oscorna gedüngt.

Register

A
Abfallstoffe 54
Abfallzerkleinerer 100, 101
Absatzgestein 21
Algenkalk 32, 33
Allelopathie 68
Asseln 47
Asche 10, 52
Aschengestein 23
Ausgangsgestein 13, 45
Aussaatzeiten 114
Auswaschung 14, 29, 37

B
Baldrian 104
Basalt 21, 22, 120
Bentonit 37
Bioturbation 71
Biologisch-Dynamisch 101
Biologische Aktivität 66
Blutmehl 54, 55, 61, 62
Bodenarten 29, 37
Bodenatmung 50
Bodenbearbeitung 71, 74
Bodenbildung 21
Bodendünger 53
Bodenfruchtbarkeit 10, 11
Bodengare 72
Bodenhilfsstoffe 58
Bodenkörper 46
Bodenlebewesen 13, 41, 47, 48
Bodenluft 45, 50
Bodenorganismen 50
Bodenpflege 71
Bodenreaktion 30
Bodensubstanz 46
Bodenuntersuchung 27
Bodenverdichtung 42, 47
Branntkalk 32
Brennessel 103

C
Calcium 15, 17, 21, 29, 66
Chilesalpeter 16
Chlor 18
Chlorophyll 17

Chlorose 17
C/N-Verhältnis 94

D
Dauerhumus 49
Depotdünger 55
Diabas 21
Dolomit 22
Düngerlehre 10
Düngemittel 52
Durchlüftung 41, 43, 49

F
Fäkalien 10
Federn 54
Feinporen 45
Forschungsring 103
Fotosynthese 19, 20, 46
Frostgare 72
Fruchtbarkeit des Bodens 13
Fruchtwechsel 36

E
Edaphon 46
Eisen 15, 17
Ergußgestein 21
Erhaltungskalkung 33, 36
Erosionsgefahr 42
Erstarrungsgestein 21

G
Gabbro 22
Gartengeräte 77
Gartenwiesel 32, 78
Gasaustausch 50
Geiltriebigkeit 16
Geröll 24
Gesteine 21
Gesundungskalkung 33
Gips 10, 43
Glutfluß 21
Gesteinsmehle 120
Granit 22, 120
Grobporen 45
Grundwasser 37
Guano 11, 16
Gülle 53

H
Haftwasser 49
Hauptnährstoffe 15, 58
Hilfsstoffe 58
Hornmehl 54, 61
Hornoska 63
Hühnerdünger 66
Hüttenkalk 32
Humus 10, 46, 48, 49
Humusbildung 13
Humusgehalt 72
Humusstoffe 10, 43
Humustheorie 10
Humusversorgung 30

I/J
Ionen 15, 26, 54
Jauche 53

K
Kali 15, 26, 55
Kalk 28
Kalkmergel 33
Kalkstein 22, 29
Kalkstickstoff 60, 61, 90
Kalkverlust 36
Kamille 103
Kaninchenmist 43, 65
Kernnährstoffe 15
Klee 111, 114
Kleinlebewesen 48, 54
Knochenmehl 54, 61
Knöllchenbakterien 116
Kohlensäure 29
Kompost 79
Krümelstruktur 40
Kuhmist 64

L
Lehm 13
Leguminosen 18, 113
Lößboden 39
Löwenzahn 103
Luftabschluß 50
Luftstickstoff 16, 18
Lupinen 112, 114

Register

BLV Bücher für den Gartenfreund

Margot Schubert

Im Garten zu Hause

Margot Schuberts großes illustriertes Gartenbuch

Durch dieses mitreißende wie informative Gartenbuch haben schon viele tausend Gartenfreunde ihr Hobby erlernt. Es beantwortet alle Fragen, die in der täglichen Gartenpraxis, bei der Gartenanlage und -umgestaltung auftreten können, ob im Eigenheim- oder Reihenhausgarten, Blumen- oder Steingarten, Zier- oder Nutzgarten, Obst- oder Gemüsegarten.

13., durchgesehene Auflage, 416 Seiten, 74 Farbfotos, 616 Zeichnungen

Martin Stangl

Mein Hobby – der Garten

Dieses Buch bietet eine Fülle von Tips, Informationen und Anregungen für alle Hobby-Gärtner. Es befaßt sich mit der Einrichtung des Gartens, Gerätekunde, Einjahresblumen, Zwiebel- und Knollenpflanzen, Stauden, Rosen, Ziergehölzen, Rasen, Obst, Gemüseanbau, Würzkräutern und vielem mehr.

5., durchgesehene Auflage, 248 Seiten, 47 Farbfotos, 276 Zeichnungen

BLV Verlagsgesellschaft München

Gestalten mit Blüten und Blumen
mit Gräsern, Zweigen, Fruchtständen
Renate Richter
BLV Garten

Kakteen
und andere Sukkulenten
Hans Hecht
Blumenpraxis

Bonsai
Pflege und Anzucht
japanischer Zwergbäume
Horst Daute

1×1 der Hydrokultur
Margot Schubert/Wolfgang Blaicher

Gartenblumen
Stauden· Sommerblumen·
Blumenzwiebeln
Gisela Zinkernagel
umenpraxis

Obstbaumschnitt
Kern-, Stein- und Beerenobst
Helmut Loose
BLV Garten- und Blumenpraxis

Gemüseanbau
im eigenen Garten
Helga Fritzsche
und Blumenpraxis

Gartenarbeit richtig gemacht
Martin Stangl
BLV Garten- und Blumen

Steingärten
Richtig anlegen, bepflanzen, pflegen
Wolfgang Hörster
BLV Garten- und Blumenpraxis

Biologischer Pflanzenschutz
Naturgemäße Abwehr
von Schädlingen und Krankheiten
Marie-Luise Kreuter
BLV Garten- und Blumenpraxis